MW00883181

Colección
EMPRENDIMIENTO
Y CRECIMIENTO PERSONAL

Editorial PanHouse
www.editorialpanhouse.com

Edición general:
Jonathan Somoza
Gerencia general:
Paola Morales
Gerencia editorial:
Miranda Cedillo
Coordinación editorial:
Anagabriela Padilla
Edición de estilo:
Mayerling Moreno
Corrección editorial:
María Gutiérrez
Corrección ortotipográfica:
Carolina Acevedo
Diseño de portada:
Catalina Castellanos González
Fotografía de portada:
Johanny Becerra Photography
Diseño y diagramación:
Audra Ramones

ISBN: 979-832-526-247-0
Depósito legal: DC2024000633

CREYENDO

y soltando

DEL FRACASO, DOLOR Y DUDA; A LA **RECONSTRUCCIÓN**

ÍNDICE

Este, mi primer bebé literario, va dedicado a ti que te estás dando la oportunidad de conocer más a fondo mi historia, a ti que sigues mi carrera desde hace más de 35 años; no imaginas cuánto lo valoro. Te lo dedico a ti que has apoyado la gran mayoría de mis proyectos, ya sea por TV, radio, teatro o redes sociales. A ti que tal vez me estás conociendo hoy, pero de igual manera gracias, gracias por dedicarme este tiempo y leerme.

Este libro va dedicado a todo aquel que anhela vivir en gratitud, transformar su vida, entender que se trata de un día a la vez, que de todo se aprende y que es posible sanar y continuar el camino.

Agradecimientos

Demasiado que agradecer, gracias a mi Padre celestial por esta oportunidad que jamás imaginé me atrevería a descubrir. Gracias Señor Jesús por tu favor, tu misericordia y tu gracia.

Gracias al amor más profundo de mi corazón, mi hermoso hijo Kennito, gracias, papi, por impulsarme a comenzar una transformación en mi vida, por enseñarme a amar de una manera inconmensurable.

Gracias a cada persona que me dio una primera oportunidad y creyó que yo podía hacer brillar su producto, producción o marca, y a los que continúan creyendo. Gracias también a cada fracaso y frustración, pues todo lo vivido ha sido una gran escuela de formación para llegar hasta aquí hoy.

Gracias a mis amados padres Sonia y Efraín, soy bendecida de tenerlos, mis fans #1, gracias por su apoyo incondicional desde que era una niña, por su amor y respeto; gracias por estar siempre conmigo, aplaudiendo todos mis proyectos, dándome la mano con mi hijo y si sigo no termino. OMG, sin ustedes qué hubiera sido de mí.

Gracias a cada uno de mis mentores espirituales y profesionales.

Gracias a los que pasaron por mi vida y siguieron su camino dejando espacio para lo que debía llegar a fin de que se cumpliera el propósito de Dios en mi vida.

Gracias a la Editorial PanHouse por la paciencia, el respeto, la ayuda y el apoyo.

Y por último, pero no menos importante, gracias a mi amado esposo Nathanael por su corazón, el hombre escogido por Dios para mi vida y el que ama y disfruta verme brillar. De él no hablo en este libro, pues al cierre del mismo aún Dios estaba confirmando muchas cosas que ya hoy son una promesa cumplida. Nuestra historia en detalle es merecedora de contarse en un próximo libro.

De todo corazón, GRACIAS.

Sobre el autor

Daniela Droz es una reconocida figura pública puertorriqueña con una exitosa carrera profesional que abarca más de 40 años de trayectoria. Destacada en diversas áreas artísticas como la actuación, el canto, la animación y la oratoria, así como en el mundo empresarial. Daniela ha ganado reconocimiento y empatía gracias a su fortaleza, contagiosa energía y transparencia ante situaciones personales.

Como *coach* profesional certificada con una especialidad en resiliencia y en *coaching* y espiritualidad, Daniela busca inspirar a otros compartiendo su conocimiento, talento y experiencia. Su versatilidad se refleja en roles, tales como: ser comunicadora, locutora de radio, conductora de TV y como madre, su rol más importante. A lo largo de su carrera, ha sido embajadora de múltiples marcas y productos, logrando independencia económica a través de su marca personal.

La trayectoria de Daniela Droz incluye ser modelo y reina de belleza infantil desde los 6 años, actriz de TV, teatro y cine desde los 10, y cantante profesional desde los 16, consolidándose como solista a los 20 años. Su experiencia como conductora de TV en Puerto Rico comenzó a los 26 años; además, ha tenido una destacada carrera como locutora radial desde el

2005 en conocidos programas como *El Circo de la Mega* junto a Gangster y Funky, también en la emisora Rumba, Orlando, FL, el cual duró hasta aproximadamente el 2019.

Daniela se identifica como una nueva embajadora del reino e hija amada de Dios desde siempre.

Comentarios

«Ese momento decisivo nos toca a todas, tarde o temprano, porque ser mujer es simplemente una aventura de todo terreno y no traemos un manual de instrucciones bajo el brazo. Cuando lees historias como la de Daniela y tienes el privilegio de entrar en "habitaciones" privadas a través de sus propias palabras, te aseguro que, si estás en ese momento decisivo, tomarás un aliento de esperanza. Si ya pasaste por ahí, podrás sentarte como cuando hablas con esa amiga y exclamas: : "eso me pasó a mí", pero, sobre todo, si la vida te sorprende adelante sabrás que igual que Daniela, hay un solo camino. Gracias, Daniela, por abrir tu corazón y regalarnos tu sorprendente historia».

Coach Brenda Irizarry
Directora International Coaching Institute PR

«Conocer la transformación genuina y hermosa de mi amiga Daniela Droz fue impactante en mi vida. No conocerás una historia más o leerás un libro más, sino que vivirás la historia que cambiará tu vida para siempre. Si perdiste algo en el camino de la vida o, más doloroso todavía, te perdiste a ti misma, llegaste al momento perfecto con la lectura perfecta del libro de Daniela. Quiero confesarte que conocer a Daniela me dio mucha más esperanza en las personas y en que todavía existen las verdaderas amigas . Me siento muy orgullosa de ella».

Ruth Calderón

Dra. / pastora

«La historia de Daniela impacta y bendice la vida de todas personas que la conocemos. Ha sido transformada por medio de la obediencia y su historia demuestra que no solo se trata de ella, sino que todas sus vivencias son inspiración para muchas otras vidas. Estas letras serán un bálsamo y una dosis de fe para cada lector, porque, de alguna manera, se identificarán y verán el poder que existe en la apertura a la transformación, verán que la resiliencia es una fuerza interna que genera resultados al decidir y accionar el caminar, aun en la crisis y en la adversidad. Recibirás herramientas para que reconstruyas tu vida, porque tú mereces volver a comenzar y vivir la grandeza que Dios ha depositado en ti.

Gracias, Daniela, por compartir tu historia y ser de bendición para muchos».

Verónica González

Educadora, mentora y conferencista

Autora del libro *Emprende & Crece*

«Daniela encontró su camino después de estar perdida. Muchas veces, vivimos detrás de máscaras, proyectando una imagen que no refleja nuestra verdadera situación interior. Al igual que muchas de nosotras, las experiencias, los fracasos y los errores de Daniela han sido instrumentos que Dios ha utilizado para dar forma a una nueva vida con propósito. He sido testigo de cerca de su transformación y puedo afirmar que donde antes reinaba la ansiedad y la preocupación, ahora hay paz y alegría. En su libro, Daniela nos invita a ser partícipes de su historia y a descubrir las herramientas clave que le han ayudado a superar los momentos difíciles. Su historia es similar a la de la mujer samaritana de los evangelios, quien experimentó un cambio radical cuando Jesús entró en su vida, y ahora vive para compartir su testimonio con otros. No te pierdas la oportunidad de sumergirte en la historia transformadora de Daniela Droz».

Merari Peña
Fundadora Forever Crystals & Jewelry

Prólogo

La primera vez que vi a Daniela Droz me dio mucho coraje y hasta me dieron ganas de irme del lugar. Así como lo leen. No es que me hubiera hecho nada malo, pues yo ni la conocía, pero su presencia chocaba de frente contra una de mis más grandes ilusiones: entrar a la televisión. Resulta que, en aquel entonces, con 22 años de edad, hicieron una convocatoria abierta para hacer un *casting* de un anuncio de televisión, lo que me pareció una gran oportunidad para poder encontrar un pequeño espacio en los medios de comunicación. Estaba buscando una grieta, aunque fuera pequeña para tratar de colarme y poder llamar la atención de quienes producían los grandes espectáculos.

Era mi sueño, por eso no vacilé en llegar temprano para hacer aquella larga fila llena de ilusiones y esperanza. Pero mi alegría duró muy poco pues allí, también haciendo la fila, vi a esta joven bella, talentosa y además ya famosa en Puerto Rico, Daniela Droz. Admito que lo primero que pensé fue: «Aquí me fastidié. Esto debe estar planchao para Daniela, en vez de dejarme este guiso a mí, ¡si a ella le sobran las oportunidades!». Ese era mi grito desde la desilusión y el desconocimiento sobre cómo funciona realmente el mundo del entretenimiento y las comunicaciones. Uno mira a los artistas desde afuera y los idealiza, pensando que por ser famosos tienen todos sus problemas resueltos. Nada más lejos de la verdad. En ocasiones el peso de la fama y la lupa que ser figura pública coloca sobre ellos hace que las cargas sean más pesadas. Al estar todo el tiempo en vitrina, les toca presentar una cara que no siempre hace juego con su estado de ánimo y sentimientos. Eso los obliga a desarrollar un sistema de vida que les permita ser feliz sin dejar de hacer lo que les apasiona. No es fácil y no todos lo logran, además que el camino para encontrar ese balance está lleno de altas y bajas. No es distinto a la realidad de la mayoría de las personas, con la diferencia de que la exposición pública le añade niveles importantes de complejidad. Por eso, este libro es tan valioso y necesario. Al Daniela abrir su corazón y presentar su vida de la manera en que lo hace, todo lector podrá encontrar una importante referencia que podrá aplicar de manera inmediata a su vida: desde cómo enfrentar los momentos difíciles con valentía y humildad; cómo entender que el camino hacia la felicidad se labra todo los días; aprender de todo lo que nos pasa en la vida para ser mejores seres humanos y de la importancia de nuestra relación con los demás, hasta ese vínculo especial que necesitamos tener con Dios. De todo esto y más nos habla Daniela Droz en su libro, que de más está decirles que es una asignatura obligada para todo aquel que busca herramientas que lo ayuden a vivir en plenitud.

Por último, debo decir que, como era de esperarse, no me seleccionaron para aquel comercial de televisión, creo que a Daniela tampoco. Podrán imaginarse que luego fui a muchos otros *castings*, hasta que poco a poco fueron apareciendo oportunidades. Fue así como pude comenzar mi *show* en la televisión donde afortunadamente la vida me ha permitido trabajar con personas extraordinarias como la autora de este libro, de quien puedo dar fe de que vive todo lo que predica en esta publicación.

Alexandra Fuentes
Conductora de TV, comediante
y productora puertorriqueña

Introducción

Hay cosas que realmente son dignas de ser celebradas, por ejemplo, la vida, las metas alcanzadas, las pruebas superadas y el crecimiento personal. Este libro que tienes en tus manos es precisamente eso, una celebración.

Resulta que, aunque no lo parezca, cumplí cuarenta años de trayectoria artística en el 2023. Es por eso que he decidido festejarlo plasmando y compartiendo los procesos más satisfactorios que he vivido.

Este libro nace del deseo de que las personas me conozcan como la mujer real que soy y puedan estar al tanto de las experiencias que he vivido como un ser humano normal, para que así puedan reflejarse en ellas y entender que si anhelamos ver resultados diferentes en nuestra vida es preciso tomar decisiones saludables.

Una de las cosas de las que me he percatado en mi carrera artística es que las personas suelen pensar que quienes nos dedicamos a la televisión, la radio, el teatro o el cine, quienes informamos, llevamos un mensaje o entretenemos, tenemos una vida cotidiana plena de paz y alegría, además de una comunicación extraordinaria y que todo fluye perfecto. Pero esa no es la realidad.

El hecho de que yo maneje efectivamente las comunicaciones a nivel profesional a través de los medios, no significa necesariamente que la domino a cabalidad en el área personal.

Yo creo que es importante que la gente sepa o recuerde que yo, así como cualquier figura pública, somos personas normales, reales y que todos los seres humanos estamos a tiempo de reconocer qué está incorrecto en nuestras vidas.

En un momento de introspección, cuando ejercía mi trabajo como comunicadora a tiempo completo, me di cuenta de que yo era una comunicadora que no sabía comunicarse efectivamente. *Yes!*, así como lo lees.

Nadie está exento de cometer errores y fallar. No obstante, lo importante es que entendamos que todos tenemos la oportunidad de reconocer si algo en nosotros no anda bien, no importa la etapa que estemos viviendo, nuestra edad o trayectoria, siempre podemos provocar el cambio.

En mi caso, yo supe reconocer, hace aproximadamente tres años, que algo no estaba bien en la manera como me comunicaba, tanto en mi vida personal como en el ámbito profesional. Al hacerlo consciente comencé a trabajar en ello.

Como siempre ha dicho mi padre, don Efraín Droz: «No es lo que usted diga, es cómo lo diga». Yo me crie escuchando esa frase y no hay nada más cierto que esto, porque la manera como nos expresamos puede ser el detonante de un gran conflicto o la clave del éxito. Es fundamental evaluar con sinceridad el impacto que nuestras emociones tienen sobre nuestra forma de expresión.

Es por ello que quiero compartir contigo cómo reconocí esta situación en mí y de qué manera la manejé hasta conducirme a un proceso de transformación. Es precisamente este proceso lo que me ha traído hasta donde estoy hoy en mi vida personal, en mi carrera artística y en los nuevos proyectos que estoy emprendiendo como *life coach*, es decir, la nueva faceta que estoy desarrollando fuera de las comunicaciones *full time*.

Sin duda alguna, esta es una gran oportunidad para que te des cuenta de que cualquiera puede pecar de no pensar antes de hablar. Esto es parte de nuestra naturaleza humana. El truco está en reconocerlo y hacer algo al respecto.

Con esto no pretendo decirte lo que debes hacer ni darte instrucciones, ¡nada de eso! En cambio, vengo a contarte cómo fue que lo reconocí y de qué manera he logrado encaminarme en este proceso de transformación interminable, que se va desarrollando día a día, por si te identificas y quieres emularlo.

Algo que he aprendido es que no podemos conformarnos con decir «yo soy así y punto» o como decimos en Puerto Rico: «yo soy así, brega con eso». Esto es lo más terrible que he escuchado, es un sello de fracaso en la vida, porque tenemos que pensar también en los demás, pero, sobre todo, en nosotros mismos, y ver si ese «yo soy así» aporta a nuestro crecimiento o todo lo contrario. Además, evolucionar no significa que tengamos que cambiar nuestra personalidad, se trata de darle un «UPGRADE».

Porque no se trata de cambiar nuestra forma de ser, de hecho, esa no es mi intención con este libro. Por ejemplo, yo no dejé de ser alegre, vivaracha y espontánea. Así que mi personalidad sigue siendo la misma, con mi «ALEGRÍA Y BOMBA EH». La diferencia es que ahora soy mucho más cuidadosa en muchas áreas, por mi propio bienestar y por el de quienes me rodean.

La idea es ser conscientes de las cosas que debemos modificar para que podamos tener más paz, porque cuando no tenemos tanto conflicto o controversias, fluimos, nos relacionamos y hasta dormimos mejor.

No sé cómo está tu vida en este momento, pero si tomaste este libro en tus manos, no es casualidad. Deja que cada palabra que leas encienda esas lucecitas rojas que dicen «mira, hay que trabajar con esto» y date la maravillosa oportunidad de iniciar un cambio de ti para ti.

Quiero decirte que nunca es tarde; siempre llega un momento en el que uno tiene que reconocer y preguntarse: «¿qué estoy haciendo?, ¿qué está retrasando que se cumpla mi propósito?». A razón de esto, nuestro caminar puede ser más sencillo y la vida puede ser más simple, lo he experimentado. Por eso quiero compartirte parte de mi historia, donde todo comenzó, mis éxitos, mis fracasos, mis buenas decisiones, también las desacertadas, cómo logré levantarme, transformarme y mostrarte que, en realidad, es un proceso que está al alcance de todos. Anhelo con todo mi corazón que mi historia sea de inspiración para tu vida.

Capítulo 1

¿Cómo nace Daniela Droz?

Un poco de la historia de Daniela

La mayoría de las personas me conocen como Daniela Droz, aunque mi verdadero nombre, el que me pusieron legalmente mis padres al nacer, es Yesenia Droz Serrano. Quiero contarte cómo nació Daniela.

Daniela Droz nació en el año 1999, como cantante de música tropical en la isla del encanto, mi amado Puerto Rico. En esa época, yo era una muchacha de veintiún años, que estaba al frente de una orquesta de merengue compuesta por doce hombres. Era «Daniela Droz y su orquesta», así que todo dependía de esa jovencita.

Daniela no nació por una decisión mía. No fue que un día me desperté y dije: «Ok, hoy me voy a cambiar el nombre». No, no fue así. Resulta que cuando la que era mi *mánager* en esa época estaba coordinando mi lanzamiento como cantante, me dijo que «Yesenia» sonaba como un nombre muy común en Puerto Rico. Sumado a eso, en aquel entonces, había un *boom* en mi país de «merengueras», como nos decían a las mujeres que cantábamos merengue.

> *Daniela no nació por una decisión mía.*
> *No fue que un día me desperté y dije:*
> *«Ok, hoy me voy a cambiar el nombre».*

Lo más cómico es que la mayoría teníamos nombres que sonaban igual, como Jailene, Jessica, Gisselle entre otras. El caso es que nuestros nombres se escuchaban muy parecidos ¡y todas estábamos en el mismo género musical!

Además, mi apellido resultaba diferente y querían un nombre que combinara, es decir, que se escuchara más artístico. Así que un día me dijo: «Te vas a llamar Daniela Droz». Sí, prácticamente fue una orden, y como yo quería ser cantante, acepté porque no tenía opciones. Resulta que Daniela no era un nombre común en Puerto Rico para esa época. Yo quedé un poco confundida, pero comprendí que se trataba de una estrategia de mercadeo, así que tuve que aceptar esa imposición. Era un paso necesario para posicionar mi carrera.

En ese momento de mi vida, llegué al mundo del espectáculo musical con mucho desconocimiento. Tenía veintiún años y apenas estaba saliendo de mi casa directo a una tarima. Venía de experiencias tranquilas. Como cualquier muchacha de esa edad, me había graduado de *high school* y estaba en la universidad, sin embargo, era una jovencita muy prudente, que prácticamente no salía, ni andaba en la calle. En consecuencia, tuve que enfrentar muchas cosas que me superaban, entre ellas, que me cambiaran el nombre, lo que me convertía en otra persona.

Eso fue un impacto terrible, sobre todo para mi madre y mi familia en general. De hecho, ellos jamás me llaman Daniela, sino Yesy. Para mis hermanos y mis sobrinos soy la «titi Yesy». Es decir que para las personas más cercanas sigo siendo Yesenia, pero para el mundo que me conoce por mi trayectoria me llamo Daniela.

En realidad, ya me acostumbré. Si me preguntas cómo prefiero que me llamen, Daniela o Yesenia, la verdad es que para mí los dos están bien, porque en esencia sigo siendo yo. Por supuesto, a mí me encanta mi nombre artístico. Aunque admito que, en ese momento, el cambio fue muy difícil para mí.

Eran demasiadas cosas nuevas y si a eso le sumamos que alguien me estaba imponiendo un nombre nuevo, todo me ocasionó un *shock* muy grande. Mi manejadora en ese entonces, era una de los dos productores de espectáculos más importantes de Puerto Rico en esa época. Ellos eran los encargados de traer a todos los artistas más *top* de principios de los 2000, como Eros Ramazzotti, Chayanne, Ricardo Arjona, Laura Pausini, Alejandro Fernández, Cristian Castro, entre otros. Por ende, como consideraba que ella sabía lo que estaba haciendo, solo me dejé llevar.

No obstante, eso fue muy duro para mí a nivel personal. Comencé a vivir muchas situaciones retadoras. Tuve que hacer varios entrenamientos como parte de mi proceso de lanzamiento musical, sumado a varias cosas que fueron alejándome de mi familia. A mis padres también les resultó difícil lidiar con todos esos cambios.

Para Yesenia, la muchacha tranquila que venía de una familia pequeña y cercana, fue un proceso desafiante. Sin embargo, al mismo tiempo, había un sueño de ser una figura pública reconocida, una cantante famosa. Esos anhelos estaban dentro de mí, así que tenía que dejarme llevar, a pesar de mi desconocimiento e inmadurez. ¡Yo quería ser una artista!, entonces tuve que ceder a todas esas órdenes que me daban.

La niña artista antes de Daniela

A la edad de seis años, comenzó mi vida en el mundo mediático como talento para comerciales de TV. Fue así como todo inició. Dos años después, tuve la fortuna de ganar un certamen de belleza en Bayamón, Puerto Rico, llamado Miss Maja Infantil de Puerto Rico. Allí nació mi amor por el mundo artístico y los medios.

Desde ese momento, comencé a estar de forma mucho más activa en comerciales de televisión, participé en otras actividades y concursos, hasta que a los diez años fui a una audición para una serie de televisión, de la cual nos enteramos gracias a una vecina. Asistí y me dieron el personaje. Comencé a trabajar en una serie familiar llamada *Cuqui*, como niña actriz en un canal de televisión muy famoso de Puerto Rico, llamado Wapa-TV.

Esta fue mi primera oportunidad como actriz de televisión y de exponerme a ese mundo. A diario iba a la escuela, luego salía directo al estudio para grabar, lo cual era muy divertido para mí, y después me iba a casa. De esta manera transcurrían mis días.

Esto me abrió otras oportunidades: trabajé en cine, en teatro musical, así como en otros *shows* de televisión y en miniseries. Todo esto lo hice como niña actriz entre los diez y once años.

En el teatro musical, formé parte del elenco de la obra *Anita la huerfanita*, como una de las huérfanas principales que cantaba y bailaba. No pude adicionar para el papel protagónico de «Anita», porque el personaje era una niña bajita y yo siempre he sido alta. Esto fue en la Sala de Festivales del Centro de Bellas Artes de Puerto Rico, una de las salas teatrales más famosas y prestigiosas de mi país.

Ese mismo año, también tuve la oportunidad de trabajar en cine. Actué en la película basada en los cuentos del escritor puertorriqueño, don Abelardo Díaz Alfaro, *Los Cuentos de Abelardo* (1988), en la cual se resumían tres de sus historias. Me escogieron para uno de los personajes que entrelazaba los cuentos, así que tuve participación durante toda la película.

Ese filme aún lo presentan en algunas escuelas de Puerto Rico, como parte del currículo de clases, por ser educativa, así como en el canal 6, el canal gubernamental de mi país y hasta por YouTube. Incluso, a cada rato recibo mensajes de algunos de mis seguidores en las redes sociales, que le hacen una foto a la pantalla, me la pasan y me dicen: «¿Esta eres tú?, es la misma carita, estás igualita». Es increíble que la gente aún me reconozca, a pesar de que han pasado más de treinta años.

Esto es algo que me hace muy feliz; se siente muy bien saber que aportaste a tu país. Hasta el día de hoy, esa película deja una enseñanza significativa a las nuevas generaciones puertorriqueñas. Siento que esa fue una experiencia trascendental.

Esos tres proyectos los hice entre los diez y once años: cine, teatro y televisión. Así que, en definitiva, la etapa de Yesenia, la niña actriz, marcó mi vida para bien hasta el sol de hoy. Son de esas experiencias que jamás se olvidan, que disfruté muchísimo y que todavía salen en conversaciones con personas que se me acercan y me hablan al respecto. Me siento muy bendecida y agradecida con mi Padre celestial por brindarme oportunidades tan hermosas a esa corta edad y por tener unos padres terrenales que apoyaron siempre mi talento.

Desde niña he valorado mi trabajo; yo no estaba jugando a ser actriz, ¡yo era una niña actriz profesional! ¡Ese era mi trabajo! Por ende, estaba comprometida con todo lo que implicaba mi preparación y, en este sentido, mis padres siempre fomentaron en mí la disciplina.

Esa misma disciplina es la que le enseño ahora a mi hijo, quien es un niño muy talentoso: él canta, baila y actúa. Entonces, cuando vamos a hacer algún proyecto, le digo lo mismo que me decían mis padres: «Papi, esto hay que tomárselo en serio». Yo también fomento en mi hijo la disciplina, el compromiso, el carácter, como mis papás lo hicieron conmigo.

Desde niña he valorado mi trabajo; yo no estaba jugando a ser actriz, ¡yo era una niña actriz profesional! ¡Ese era mi trabajo!

Yo nunca tuve conflictos con mi trabajo, la pasaba tan brutal, me divertía muchísimo y era una de mis pasiones. Por esa razón, en ninguna ocasión me sentí mal por no tener tiempo tal vez para jugar y esas cosas, ya que me apasionaba lo que hacía. No me costaba aprenderme un libreto, ensayar o estar metida en un estudio de televisión grabando por horas. Yo era una niña que podía jugar con mis amiguitas, pero si estaba grabando en un estudio, la pasaba igual de bien o mejor.

Mi mamá, quien jamás me dejaba sola, lo notaba. Sin embargo, siempre me preguntaba si yo era feliz y si todo estaba bien, porque a pesar de que veía mis talentos, para ella y para mi papá lo más importante era que yo fuera feliz. La respuesta era obvia: a mí me encantaba hacer todo eso.

Años más tarde, cuando era adolescente, pasé por una etapa de transición bastante compleja. Entre los trece y catorce años tuve mis últimos proyectos televisivos como actriz infantil. El primero, en una comedia de televisión familiar de los 90 llamada *Maripili*, muy conocida por todos los boricuas, y también participé en otra serie familiar llamada *Posada Corazón*.

Desde ese momento, dejaron de surgir oportunidades a nivel actoral por varias razones. Primero, no podía hacer personajes de mujer adulta porque, aunque me veía grandota, seguía siendo una nena y ya no podía hacer roles de niña debido a que era bastante alta. Eso fue frustrante para mí, porque que yo tenía muchos sueños y anhelos en torno a mi carrera, no obstante, las cosas no se daban. En consecuencia, durante ese periodo me concentré en graduarme de *high school* para entrar a la universidad como cualquier adolescente.

Llegó la adolescencia

Esta temporada también trajo sus desafíos. Aparecieron los cambios físicos, hormonales y mentales.

En cuanto a mi vida escolar, puedo decir que yo pertenecía al grupo de las menos populares. Mis amiguitas y yo llamábamos muy poco la atención en la escuela. A diferencia de lo que muchos puedan pensar, nunca fui así de espontánea y habladora en el colegio, aunque usted no lo crea. Además, mi vida artística se desarrolló afuera; aquí ni siquiera participaba en los *shows* de talentos, los famosos *talent shows* que se realizan en la mayoría de las instituciones educativas de mi país. Eso me daba vergüenza.

Admito que me sentía un poco frustrada, parecía que mis sueños se habían estancado. ¡Hasta pensé que sería veterinaria porque me encantan los animales! Lo que yo no sabía era que el camino estaba tomando otra dirección: una carrera musical. Cuando tenía dieciséis años, se me presentó una nueva oportunidad. Recibí una llamada de Félix Rodríguez, mejor conocido como Dj Negro, un productor muy importante en mi país, en especial dentro del ámbito de la vieja escuela del *reggaetón*.

Dj Negro quería montar una orquesta de merengue, un género que estaba muy pegado en Puerto Rico en los años noventa. Decidió contactarme dado que otra persona me había referido después de verme en una audición. Fue así como a los dieciséis años, siendo tan solo una adolescente, estuve en mi primera orquesta de merengue como cantante. El nombre de la orquesta era Dj Negro y su orquesta.

Yo me sentía muy contenta de ser parte de esa orquesta en la que yo era la única mujer cantante, porque éramos tres al frente: Negro, Fernand y yo. Gracias a Dios, todos esos hombres que trabajaban conmigo me respetaban mucho. Además, mis padres siempre estuvieron conmigo, y como dicen en mi país: «no me soltaban ni en las cuestas».

Esta fue una grandiosa oportunidad para mí: era una muchacha de dieciséis años que ya estaba montada en una tarima, con una orquesta, grabando un disco, incluso hay dos canciones que yo cantaba solita. Fue una etapa muy interesante, me sentía feliz. No obstante, a esa edad, como le pasa a muchos adolescentes, yo no sabía qué rumbo tomaría mi vida, más allá de que en ese momento estaba haciendo lo que me gustaba.

Por esa oportunidad fue que nació en mí el sueño de ser cantante y dedicarme a eso. Siempre estaré agradecida con Dj Negro, que me trató con cariño y respeto, y me dio el impulso para definir lo que realmente quería.

Otra maravillosa experiencia, que también me tomó por sorpresa, fue en 1994, a los diecisiete años, cuando tuve la oportunidad de ser seleccionada para un personaje muy interesante en una telenovela que se grabó en Telemundo Puerto Rico llamada *Señora Tentación*, la cual fue protagonizada por la actriz mexicana Lucía Méndez. Finalmente me gradué de *high school* y entré en la universidad.

> *Siempre estaré agradecida con Dj Negro, que me trató con cariño y respeto, y me dio el impulso para definir lo que realmente quería.*

Toda esa etapa de mi vida, desde los seis años, hasta que entré a la universidad, estuvo llena de experiencias hermosas y aprendizajes muy bonitos. De todos ellos, lo más hermoso fue reconocer que los sueños sí se hacen realidad. Fui una niña feliz que hacía lo que amaba y disfrutaba.

Como adolescente aprendí que todo tiene su tiempo, que debía esperar, prepararme y ser paciente. Luego, a los diecinueve años conocí a la que se convertiría en manejadora de mi carrera musical, a través de un amigo en común que sabía que yo cantaba, y me dijo: «Yesenia, tengo que presentarte a esta manejadora, tú puedes hacer algo grande con ella». Luego de ese encuentro, duramos dos años en conversaciones acerca de mi carrera en la música.

En ese momento yo estaba en la universidad, así que tuve que aplicar el aprendizaje en cuanto a la paciencia, porque mi manejadora entendía que debía esperar a que cumpliera la mayoría de edad para firmarme, pues de esa manera, el trato sería directamente conmigo y no iba a necesitar autorización de mis padres. Allí comprendí que todo tiene su proceso y, aunque yo sentía que ya había llegado mi tiempo, debía esperar un poco.

Dos años después, a los veintiún años, logré firmar un contrato con ella y con una disquera, que ya no existe, que se llamaba EMI Latin. Ese fue el inicio de mi carrera musical. Era el cumplimiento de un sueño que se formó durante esa trayectoria de niña artista y se materializó cuando llegué a la adultez convertida en la cantante que soñaba ser.

Fue así como nació Daniela Droz, en el año 1999. Este nombre no ha cambiado mi identidad ni mi esencia; yo sigo siendo Yesenia, mientras que Daniela es mi nombre artístico y lo que represento como figura pública.

Era el cumplimiento de un sueño que se formó durante esa trayectoria de niña artista y se materializó cuando llegué a la adultez convertida en la cantante que soñaba ser.

Yo aprendí a diferenciar quién era una de la otra. Por ejemplo, Daniela Droz tiene un eslogan muy famoso que es «alegría y bomba eeh», y cuando trabajo, ya sea en radio, televisión, animaciones etc. soy muy alegre y enérgica. Quizá si alguien me ve en ese contexto puede decir: «Pero esta es bien *partysera* (fiestera), le gusta el *party* (la fiesta o la rumba)». En cambio, a mí, Yesenia, aunque soy alegre y me gusta divertirme, disfruto más las cosas hogareñas, no me encanta el *party*, ni el revolú, sino estar en mi espacio familiar; amo estar en la paz de mi hogar o con mi hijo y mis padres «p'arriba y p'abajo».

A Yesenia no le gusta el alboroto ni los grandes espacios con mucha gente, a diferencia de Daniela, quien siempre está expuesta a los escenarios, al público, animando eventos y subiendo el ánimo de las personas. Totalmente «alegría y bomba eh». Amo a mis seguidores y *fans* y siempre estoy para ellos. Sin embargo, en mi vida privada no me encantan los espacios con demasiada gente no sé por qué, y aclaro que esto no tiene nada que ver con mis admiradores.

A través de todos estos años he aprendido a diferenciar a una de la otra. En otras palabras, Daniela es el traje de artista con el que se viste Yesenia para salir ante el público. En este punto de mi vida busco integrarlas mucho más, de modo que he tenido que moldear a Daniela Droz para dejar ver más a Yesenia. Ya Daniela no hace nada que Yesenia no haría.

Del ojo privado al ojo público

Tener una vida privada y otra pública no es tan sencillo, como quizá lo piensan algunas personas que nos ven. Para mí fue un proceso al que tuve que adaptarme: Daniela Droz tiene una vida pública, no hay de otra. Aunque los primeros años me costó mucho, ahora tengo una visión muy diferente de ese proceso que me tocó vivir para cumplir mi sueño.

Como Daniela, yo he experimentado situaciones personales que han estado expuestas por *default*, como dicen en el deporte, aunque no sea eso lo que yo quiero. Muchas veces las personas creen que uno da a conocer los detalles que suceden en nuestra vida privada así sin más y porque sí, y no es cierto, como ocurre por ejemplo en las relaciones amorosas. Esos aspectos salen a la luz pública gracias a que uno es conocido y la gente te reconoce a donde quiera que vayas, sobre todo en Puerto Rico, que es un país tan pequeño; no es porque yo les diga a los comentaristas de los *shows* de chismes y farándula. El público a veces saca conclusiones creyendo que es uno quien da información a los medios, pero en mi particular nunca ha sido ni será así.

Yo no brindaba información privada, lo que ocurre es que existen personas encargadas de exponer este tipo de situaciones, ya que esa información vende mucho, porque el público quiere saber de sus celebridades. Esto, en específico, ha sido un aspecto delicado para mí. En mi trayectoria como artista y figura pública, he tenido que pasar por eventualidades bastante dolorosas que han estado expuestas en el ojo público, pero no porque yo lo decidiera.

Eso es algo brutal, aunque uno se esfuerza en estar calladito y tranquilo, es casi imposible que no salga a la luz, debido a que poca gente sabe respetar la confidencialidad. Lamentablemente, estas situaciones hacen que comiences a desconfiar de todo y de todos, pero eso es otro tema. Yo soy una artista a la que nunca le ha gustado exponer de más. Entiendo que hay situaciones que no puedo ocultar, porque soy una figura pública, pero nunca me ha gustado darle color a un bochinche o a un chisme, ni mucho menos hacer un drama frente a los demás. Por lo general, vivo las situaciones de mi vida privada de manera íntima, en mi espacio personal. No me expongo de forma hipócrita, ni con exageraciones o con segundas intenciones. Si no me siento bien con algo prefiero vivirlo en mi intimidad.

Lamentablemente, estas situaciones hacen que comiences a desconfiar de todo y de todos...

A pesar de que he vivido muy expuesta durante todos estos años, he trabajado muy duro por mantener una vida privada. Hoy puedo decir que ahora veo los frutos de ese esfuerzo; cuando una persona me contrata para algún proyecto y me dice: «Daniela, tú has mantenido una carrera limpia, como una mujer firme, respetuosa y correcta» o «Te proyectas como una persona seria y sana». Eso no significa que no he tenido tropiezos en el camino, sino que me he esforzado para que esas situaciones no dañen o afecten mi imagen; cuando uno está en el ojo público, suelen inventar muchas cosas. Siendo honesta, ha sido un desafío lograr levantarme de algunas batallas personales. He tenido que encontrarme de adentro hacia afuera para poder manejar esas circunstancias de manera saludable.

La razón por la que a veces vemos a muchos artistas en condiciones terribles a nivel psicológico, se debe a la sobreexposición, al descontrol y la mala gestión entre lo que sienten, dicen y hacen.

Como cualquier ser humano, yo he tenido que enfrentar situaciones y momentos que me han marcado, la diferencia es que muchos de ellos fueron expuestos al público y por eso tuve que aclararlos a fin de cuidar mi salud emocional y la de mi familia. Es algo a lo que realmente nunca te acostumbras, por lo menos yo no, aunque aprendes a manejarlo.

Por ejemplo, en los momentos en los que he vivido en pareja, he procurado cuidar cada aspecto de la relación y a la persona. Admito que el proceso ha sido tedioso, pero es lo que se debe hacer. Así que, a pesar de que no siempre ha salido del todo bien, aquí estoy y puedo decir que lo he logrado a pesar de los tropiezos.

Entre mi familia y mi carrera

Yo vengo de una familia de cuatro personas. Mi papá tiene tres hijos de su primer matrimonio, así que tengo tres hermanos mayores. Sin embargo, mi núcleo estaba compuesto por mi papá, mi mamá, mi hermana menor y yo.

No solo éramos una familia pequeña, sino también muy unida y reservada. Por ende, el nacimiento de «Daniela» produjo un poco de incomodidad y sentimientos encontrados por tantos cambios abruptos. Como conté al principio, mis padres siempre me apoyaron con todo lo relacionado a mi carrera artística: nos llevaban a mi hermana y a mí a las audiciones, a clases de modelaje, de baile, a los ensayos ¡a todo! Sin embargo, mi hermana no quiso continuar una carrera artística. Así que siempre me acompañaban, pues era lo que me gustaba. Ellos estaban siempre conmigo y me cuidaban mucho en una época muy diferente a esta.

Puedo decir que fui una niña a la que cuidaron mucho. Jamás me soltaron en un lugar ni me dejaron sola. Eso también me libró de terminar en problemas o situaciones complicadas de las que tal vez yo no tenía conocimiento o no las podía notar.

En este contexto de apoyo y protección, el nacimiento de Daniela laceró mi relación con mi familia, porque para ese entonces yo vivía con mis padres y me tuve que alejar de ellos durante algún tiempo. Hasta me tocó vivir durante una temporada en la casa de mi manejadora, ya que ella junto a su equipo de trabajo me estaban entrenando para lanzarme como la mujer artista que estaban proyectando en mí.

Todo ese proceso fue difícil para mis padres, quienes querían verme crecer y que echara hacia adelante.

Ellos querían que yo hiciera las cosas que me producían felicidad, que me convirtiera en una figura pública y tuviera éxito, solo que al mismo tiempo estaban sufriendo por no tenerme cerca. Incluso notaron que había cambiado algunas actitudes.

Esto último sucedió debido a que estaba cargando algunas situaciones emocionales con mi manejadora y no sabía cómo canalizarlo con mis padres. En consecuencia, no me expresaba con el mismo amor y respeto hacia ellos. Esto hizo que fuera un proceso doloroso para mi mamá y mi papá. Por supuesto, con el tiempo fuimos sanándolo, aunque durante esos cinco años de carrera musical activa, todo fue muy intenso. Además, yo no paré de trabajar en esa temporada.

También sufrí algunos cambios en mi personalidad que aprendí a manejar. Tuve que enfrentarme a la fama, al hecho de que los hombres me miraran con otras intenciones. Esas cosas me hicieron sentir guapa y atractiva, aunque también confundida. En esa época tenía un noviecito, quien era un nene muy bueno, al que dejé por inmadurez, por sentirme la más divina y creer que me estaba comiendo al mundo. Así que dije: «Yo no necesito este muchachito en mi vida» y lo solté. Por supuesto, mi decisión lo hizo sufrir mucho. Sin embargo, él sigue en mi vida después de tantos años, debido a que fuimos madurando y sanando, y hoy puedo decir que, gracias a Dios, seguimos siendo amigos.

Estos son solo algunos ejemplos de los cambios que «Daniela» produjo en mi vida personal. Manejar estas situaciones internas fue muy difícil para mí. Comencé a vivir en la «película» de una artista y, por más que luchara por tener una vida normal, mi oficina de manejo me presionaba respecto a cómo debía comportarse y actuar una «artista», algo que sucede con muchas otras celebridades.

Básicamente, todo lo que yo tenía en mi entorno me generaba un conflicto emocional y mental, pues me adentraron en un mundo que era completamente nuevo para mí. Me sacaron de mi casa y mi vida tranquila a las tarimas musicales. Por un lado tenía que ser una artista, mientras que en otros aspectos tenía que bajarle y ser humilde. Sin duda, a nivel emocional fue muy fuerte. Tenía la fama, el éxito y a personas allegadas a mí exigiéndome un comportamiento y actitud ajenos a mi personalidad. Al mismo tiempo que, del otro lado, estaba la parte humana y personal: mi familia, mi carácter, mi entorno más cercano pidiéndome ser la de siempre. ¡Todo era complicadísimo! Sí, amaba cantar y mi carrera, pero no a todo lo que me rodeaba y ni lo que me estaba costando la fama.

Durante esos años, empecé a dejarme seducir por mi ego. Me sentía espectacular, guapa, talentosa y exitosa, ¡toda una artista!

Esta dualidad en mi forma de actuar ocasionó muchos roces entre mis padres y yo, por lo que tuve que aprender a manejarlo; como decimos en Puerto Rico, me tocó «madurar a cantazo limpio». Me di cuenta de que, en efecto, tenía que trabajar en mi comportamiento y en cómo manejaba la fama y la relación con mi familia.

Durante esos años, empecé a dejarme seducir por mi ego. Me sentía espectacular, guapa, talentosa y exitosa, ¡toda una artista! Y no es que no tuviera el talento para verme de esa manera o que fuera malo encontrarme guapa y esas cosas, el problema era el mal manejo de mis emociones, algo que me hizo cometer muchos errores con las personas que me importaban, como lo que te conté del noviecito que tenía o los roces con mis padres.

Gracias a Dios, esos roces y situaciones fueron agarrando su rumbo y terminaron dejándome enseñanzas valiosas. Lo más importante es que no perdí a Yesenia, sino que pude enfocarme de nuevo en mis valores, en el amor de mis padres y en el valor que tengo como persona, no como artista o figura pública.

Apoyo con sabiduría

Hoy en día le doy gracias al Señor por la vida de mi papá y mi mamá, por su amor, sus enseñanzas y su paciencia. En especial por haberme apoyado y por ir de la mano conmigo en el cumplimiento de mis sueños. Eso mismo es lo que yo estoy haciendo con mi hijo. Me gusta motivar a otros padres para que apoyen a sus hijos a desarrollar sus talentos y capacidades, pero sin perderlos de vista.

En el caso de mis padres, ellos no solo me dejaron ser, sino que me observaron y reconocieron que yo tenía un potencial para lo que de verdad me gustaba. Sin embargo, estos son otros tiempos, por eso es muy importante fomentar los talentos de nuestros hijos y a la par estar muy pendientes de ellos; las plataformas de comunicación actuales promueven una exposición mucho mayor a la que yo viví.

Las redes sociales como Instagram, Facebook, TikTok y YouTube ofrecen una exposición global inmediata y esto se encuentra al alcance de las nuevas generaciones. Las dinámicas del *social media* venden la idea de que te puedes volver rico y famoso en dos días. Esto afecta a los niños en gran manera. Por eso, los padres debemos acompañar a nuestros hijos en el proceso de desarrollar y exponer sus capacidades.

Padre y madre que lees este libro, apoya
a tus hijos y acompáñalos en el proceso
desde el amor, los valores y el respeto.

Mis padres lo hicieron excelente, menos mal que no les tocó en esta época. No obstante, los padres de hoy en día debemos fomentar en nuestros hijos el deseo de ser felices, no famoso o millonarios; eso no está mal, pero la fama tiene su precio y mientras más expuesto está un niño, mayor es el riesgo que corre de ceder a exigencias que afecten su identidad, sus relaciones y su propósito.

Padre y madre que lees este libro, apoya a tus hijos y acompáñalos en el proceso desde el amor, los valores y el respeto. Yo soy la mujer que soy gracias a unos padres que me respetaron. Nunca me impusieron cosas ajenas a lo que yo deseaba desarrollar en cuanto a mis talentos. Hay papás y mamás que no apoyan a sus hijos y les obligan a tomar un camino diferente al que les apasiona.

Recuerda que la educación comienza en casa. En el hogar es que se crean esos cimientos llamados valores, los cuales nos acompañan el resto de nuestras vidas. Así que no se trata de ser permisivos ni tampoco asfixiantes, sino de reconocer, apoyar y acompañar, fomentando los valores en el núcleo familiar.

Dios dice en el libro más leído del mundo, la Biblia, «Instruye al niño en su camino y aun cuando fuere viejo no se apartará de él» (Proverbios 22:6, RVR 1960). Así que todas esas semillas de amor, respeto, justicia, bondad y humildad darán sus frutos por el resto de la vida de nuestros hijos.

Por tanto, te animo a que no solo ores por tus hijos, también hazlo con ellos y ayúdalos a adentrarse al mundo espiritual, de esta manera, cuando tengan problemas o situaciones, no lo hablen con otros, sino contigo y con Dios.

Por ejemplo, a mi hijo le encanta exponerse públicamente, es un niño sumamente seguro de sí mismo y talentoso, porque lo trae de todos lados, de mamá y de papá. Y es que como dicen por ahí: «hijo de gato, caza ratón». Así que yo, entendiendo que son otros tiempos y no los años noventa, no puedo permitir que él se muestre de la manera que él quisiera; la exposición de estos tiempos es muy agresiva. ¿Cómo yo podría permitir que a su edad él se enfrente a los comentarios monstruosos que a veces llenan las redes sociales? Y eso es solo un ejemplo de los millones de peligros que existen en Internet. Yo lo incluyo en mis plataformas porque soy quien las controla, pero como madre soltera y madre trabajadora no podría monitorear sus plataformas 24/7. Mientras, prefiero esperar a que él sea más grande para explicarle muchas cosas al respecto, y él se encargará de otras. Respeto la decisión de cada padre en cuanto a este tema, pero en lo que a mí respecta, no estoy dispuesta a poner en riesgo su infancia. Es mi responsabilidad como madre cuidarlo, prepararlo y guiarlo en este camino para que pueda desarrollar una carrera sana. Para ello es importante que en el hogar existan conversaciones sinceras, tiempo de calidad, respeto y, sobre todo, la presencia de Dios.

Yo fui una niña que corría bicicleta con mis vecinos y jugaba con muñecas, tuve una infancia normal, al mismo tiempo, era niña artista, pero siempre mis padres me acompañaban a todas mis actividades, y repito, eran otros tiempos. Es lo mismo que quiero para mi hijo, que sea un niño. También pretendo que tome sus clases de batería, que juegue baloncesto, que haga las cosas que le gustan. Y en ese proceso lo acompañaré y lo cuidaré para que continúe disfrutando su niñez.

Por cierto, para mis seguidores soy Daniela, para mis padres y mis familiares soy Yesy, pero para mi Kennito soy Mami, y aunque amo mis tres nombres, el tercero me derrite ¡qué bendición!

INTROSPECCIÓN, de ti para ti:

1. ¿Qué te impide decir que «NO» a las personas que te imponen algo que no quieres hacer?

_____

_____

2. ¿Qué es lo que realmente quieres hacer con tu vida y por qué?

_____

_____

3. ¿Podrías resaltar alguna parte de este capítulo con la cual te identifiques?

_____

_____

4. ¿Cambiarías algún capítulo de tu historia?

_____

_____

Capítulo 2

Del éxito
a los tribunales

La etapa en la que me convertí en Daniela Droz fue un proceso en el que tuve mucho éxito como cantante, sin embargo, no todo fue miel sobre hojuelas. Pasé por situaciones muy controversiales, tanto con mi equipo de trabajo (los músicos) como con mi manejadora.

Yo no tenía experiencia como solista en el mundo de la música, solo como parte de una orquesta que ni siquiera era mía, así que para mí resultaba desafiante estar al frente de una orquesta compuesta por puros hombres, a quienes debía dirigir con tan solo veinte años. Me resultaba muy difícil liderar a estos caballeros que tenían tantos años en la industria musical, en especial porque algunos de ellos dudaban de las capacidades de la «chamaquita» que tenían de frente como jefa. No era fácil. De hecho, hubo una época en la que tuve muchos roces fuertes con ellos.

Resultó ser que ellos no estaban recibiendo sus pagos a tiempo, debido a que no existía una comunicación efectiva entre los músicos y mi oficina. En consecuencia, me demandaron. Pero esto no dependía de mí, sino de mi manejadora, pues ella y su oficina controlaban todo.

En ese momento tan difícil, decidí tomar las riendas de una situación que no me correspondía de forma directa, a pesar de mi corta edad y mi poca experiencia. Esto a su vez, trajo algunos inconvenientes con mi oficina de manejo y mi manejadora, puesto que ella quería tener el control de todo, a pesar de que no estaba cumpliendo los compromisos con los músicos.

> *… a mis veintiún años, yo ya estaba metida en los tribunales de mi país tratando de salvar mi carrera musical y entenderme con ambas partes.*

De modo que estaba en el medio, como el jamón del sándwich, con los músicos gritándome de un lado porque era yo quien daba la cara y mi manejadora del otro, diciéndome algo distinto. Al final, todo ese conflicto terminó en demandas. Es decir que, a mis veintiún años, yo ya estaba metida en los tribunales de mi país tratando de salvar mi carrera musical y entenderme con ambas partes.

Gracias a Dios logré llegar a un acuerdo con los músicos que me demandaron, porque no fueron todos, debido a que tenía pruebas de distintas situaciones y eso se pudo alegar. Sin embargo, con mi manejadora fue diferente; ella tuvo una serie de incumplimientos con mi persona, así que me vi en la necesidad de buscar ayuda. Finalmente logré ganar la demanda, aunque sin ganar un solo centavo, porque a pesar de que el tribunal estipuló que ella debía pagarme lo que me debía, eso nunca sucedió, pero esa es otra historia.

Como consecuencia de este proceso, mi economía se vio muy afectada. Para ese momento, a pesar de ser tan jovencita, ya había invertido en una casa, pero después de tantos problemas, las presentaciones (los *shows*) y oportunidades comenzaron a mermar y, por ende, los ingresos. Así que pasé de tener un éxito brutal en la música, a que mis presentaciones disminuyeran, debido a que mi manejadora estaba molesta conmigo, en consecuencia desistimos de continuar trabajando juntas.

Ella era una productora muy importante y respetada en mi país y muchas personas la conocían, así que su enojo hacia mi persona se vio reflejado en que se me cerraron muchas puertas en la industria musical. Incluso, hubo algunos que se acercaron y me hicieron preguntas respecto a cómo estaba mi comunicación con mi ahora exmanejadora, nadie llegaba a nada conmigo, sino que todo se quedaba en conversaciones.

Por esa razón, mis finanzas sufrieron una debacle terrible, a tal punto que se me atrasaron los pagos de la casa y otros proyectos personales. ¡Con tan solo veintitrés años! No obstante, mis padres estuvieron conmigo, haciendo todo lo que podían para apoyarme, a pesar de que ellos tampoco tenían una economía fuerte. En aquel momento tuve que hablar con el banco para que me dieran planes de pago a fin de no perder mi casa.

Todo ese proceso fue muy difícil para mí. Había pasado de ser una figura pública y una cantante reconocida, a despertar en esa nueva realidad y buscar algo en qué trabajar, ya que necesitaba ganar dinero de alguna manera.

Yo entendía que necesitaba moverme, buscar y seguir creciendo. Para ese entonces no tenía un hijo a quien mantener, pero como siempre he sido una persona a la que le gusta echar hacia adelante, no podía quedarme de brazos cruzados en una situación en la que no tenía ingresos por ninguna parte, debido a que antes de todos estos conflictos solo estaba viviendo de la música.

Entonces me quité el sombrero y el ego de artista y me puse a trabajar en algo completamente desconocido para mí porque tenía que ganar dinero.

Fue así como en ese momento de mi carrera artística, ya siendo Daniela Droz, tuve que aceptar la oportunidad que me estaba dando una amiga de trabajar en un banco de préstamos hipotecarios, un área que desconocía totalmente, y por eso ella tuvo que entrenarme y decirme «vamos a darle». Entonces me quité el sombrero y el ego de artista y me puse a trabajar en algo completamente desconocido para mí porque tenía que ganar dinero. Además, en ese tiempo también estudié bienes raíces, buscando opciones para generar ingresos y progresar. Recuerda que estamos hablando de hace más de veinte años atrás, cuando no teníamos las opciones tecnológicas con las que contamos hoy.

En esa temporada de paréntesis dentro de mi carrera, cuando tenía veinticuatro años aproximadamente, mientras trabajaba en el banco, Dios empezó a abrirme nuevas puertas. Él siempre ha cuidado de mí y he visto la mano de Dios en mi vida, a pesar de que, en aquel tiempo yo no estaba conectada a Él como debía.

Recuerdo que para ese tiempo, te estoy hablando del periodo entre los años 2002 y 2003, Luisito Vigoreaux, un productor de televisión muy conocido y respetado en Puerto Rico, me contactó para darme una oportunidad y me dijo: «Tengo este programa de televisión que consiste en una parodia política musical y, como tú cantas, me gustaría que te integraras».

Esa oportunidad pequeña, en la que no ganaba mucho, fue el impulso que me llevó ante nuevas posibilidades. Gracias a eso pude resurgir como el ave fénix en una nueva etapa de mi carrera artística en la que la música quedó a un lado y comencé a exponerme en televisión y surgieron ofertas para hacer teatro musical, entre otras oportunidades; se puede decir que estaba combinando a la actriz con la cantante.

Así inició mi renacer, después de todo ese proceso. Empecé a echar hacia delante de forma progresiva, hasta alcanzar una nueva etapa en mi vida. Por supuesto, ya no era la misma persona, ahora tenía una serie de aprendizajes que me hicieron crecer como profesional, como mujer y comencé a darme cuenta de que la situación que estaba atravesando en ese momento no iba a ser para siempre, por ende, debía estar lista y preparada.

Pude darme cuenta de cómo funcionaba el negocio de la música y lo difícil e inestable que puede ser la industria artística en general. Aprendí que, quieras o no, debes desarrollar una coraza para que no te afecte emocionalmente y puedas entender que hay procesos que se dan, mientras que otros no ¡y tienes que resolver! Esa coraza se crea únicamente alimentando tu autoestima, activando tu inteligencia emocional y llenando tu vida espiritual. Porque no se trata de que no sientas, se trata de manejar saludablemente tus emociones. Por eso es que yo decidí buscar opciones y no amarrarme a la única idea de que quería ser cantante. De hecho, a veces pienso que si quizá hubiese seguido insistiendo en retomar la carrera musical me hubiese alejado más de las oportunidades que me llevaron a quien soy ahora.

Porque no se trata de que no sientas, se trata de manejar saludablemente tus emociones.

En ese punto de mi vida entendí que se había cerrado esa puerta y que todo se estaba volviendo muy complejo por ese camino, por eso decidí explorar nuevas oportunidades y fue así como regresó a mi vida el teatro musical y la televisión después de tantos años, y ahora como Daniela Droz.

Yo nunca quise ser artista por el reconocimiento, sino que era mi pasión y creía que tenía las habilidades para hacerlo. Siempre lo he disfrutado mucho. Gracias a los principios y valores que me habían enseñado en mi hogar, dentro de mí tenía la humildad necesaria para reconocer que eso era lo que me correspondía hacer en ese momento, así no fuera aquello que yo quería exactamente.

Muchas veces es necesario sacrificar unas cosas para lograr otras y yo sabía que este aparente «sacrificio» era temporal. Además, soy del tipo de persona a la que le gusta aprender y darse nuevas oportunidades.

De no haber sido por mi familia y los valores que me habían inculcado, la historia habría sido diferente. En casa aprendí que trabajar es honroso y que si te caes, pues te levantas. Esa es la manera en la que fui criada. Mis padres nunca han sido personas pudientes y tampoco son profesionales con maestrías o doctorados, no obstante, más allá de ello siempre han resuelto para echar a la familia hacia adelante y han sido muy trabajadores.

Esos valores aprendidos en el hogar, fueron los que me ayudaron a quitarme el traje de artista, enfrentar la situación y estar dispuesta a hacer lo necesario para sustentarme y salir adelante.

Muchas veces es necesario sacrificar unas cosas para lograr otras y yo sabía que este aparente «sacrificio» era temporal. Además, soy del tipo de persona a la que le gusta aprender y darse nuevas oportunidades; aunque soy agradecida, nunca he sido conformista, por eso veo la vida como un camino en el que hay que estar dispuestos a dar el siguiente paso.

Historias de *backstage* (tras bastidores)

Después de muchos años, puedo ver con claridad que esos sucesos poco agradables que surgieron al inicio de mi carrera como Daniela Droz fueron el punto de inicio de un gran proceso de transformación.

En ese momento tomé la mejor actitud posible para no quedarme estancada en la situación, no obstante, fueron momentos desafiantes e incómodos para mí en muchos sentidos. La mayoría de las personas que me ven desde afuera desconocen los traspiés que viví en esa etapa.

Esas son las historias «backstage» que los artistas no contamos y que las personas desconocen, por eso muchas veces idealizan nuestras vidas. La realidad es que nosotros pasamos por muchas situaciones complejas, sobre todo en el área emocional; mientras le damos una cara al mundo, hay otro proceso interno que no podemos mostrar porque afectaría nuestra imagen como «artistas» y el mensaje que transmitimos al público. Es una realidad que muchos no entienden y suelen malinterpretarlo. Básicamente no podemos enseñar todo lo que está ocurriendo atrás y tenemos que manejarlo como se pueda. Pero estoy segura de que esto no está muy lejos de tu realidad y de lo que has vivido o estás pasando. Si es tu caso, entonces te invito a reflejarte en mi historia, para que puedas reconocer que siempre hay nuevas oportunidades y que ningún problema es eterno.

Yo estaba en una situación muy dura y difícil para mí, siendo una muchacha de veintitrés años. Todo lo que pasó me afectó a nivel personal. Gracias a Dios, no caí en depresión en ese momento, ni en ningún otro, pero obviamente me sentí decepcionada y herida, me habían faltado el respeto en todos los sentidos y había sido traicionada por la que era mi manejadora y por mis músicos.

Cuando ocurrieron estas cosas, me sentí sola. Los únicos que estuvieron conmigo dándome todo su apoyo y amor fueron mi mamá y mi papá, como siempre, por eso constantemente le doy gloria a Dios por ellos.

En ese momento empecé a ver la vida diferente y dije: «*Wow*, esto era lo que tanto yo anhelaba y no es tan bonito como pensaba». Esa es la realidad de *backstage* que la gente desconoce, pero que sí existe, sí es real. Por eso todo el que decide convertirse en artista, figura pública o alguien «famoso» debe estar dispuesto a ello. Así que, si ese es tu caso, pregúntate: ¿es esto verdaderamente lo que quiero? si la respuesta es sí, debes estar dispuesto a pagar el precio.

En este sentido, había algunas cosas que yo no estaba dispuesta a sacrificar en ese caminar. Una de ellas era mi estabilidad emocional y mi esencia, por eso fue que me dije: «¿Sabes qué?, vamos a dejar a un lado la música». Comprendí que si eso no estaba funcionando, las cosas no se estaban dando y si me estaba sintiendo tan mal, no podía continuar con algo que me estaba lastimando y con lo que no me sentía feliz. Ahora imaginen mi lucha interna cuando salía a la calle y mis seguidores y gente que apoyaba mi música me preguntaban por mi carrera musical y yo sin saber qué decir o hacer. De inmediato, comencé a ver qué otras oportunidades estaban a mi disposición, así como cuáles eran los dones y talentos que yo tenía además de cantar.

Existen ocasiones en las que tenemos que autoevaluarnos y cuestionarnos en cuáles áreas somos buenos. Todos tenemos más de un talento, lo que pasa es que nos enfocamos en algo, obsesionándonos con eso que queremos y perdemos de vista otras posibilidades. Claro que es chévere que te enfoques y trabajes en pos de lo que anhelas. ¡Es buenísimo! Solo que si no se da, entonces tienes que internalizar y comenzar a preguntarte cuáles son esas otras capacidades, esas otras cualidades, y explorarlas.

Todos tenemos más de un talento, lo que pasa es que nos enfocamos en algo, obsesionándonos con eso que queremos y perdemos de vista otras posibilidades.

Para mí, ese fue el mejor momento para darme la oportunidad de preguntarme esto. Como consecuencia, terminé descubriendo un montón de cosas de mí, las cuales nunca imaginé que tenía la capacidad de manejar. A partir de ese momento comencé a hacer mucho teatro musical y a moverme en el mundo de la actuación dentro de mi país. De ahí nacieron nuevas oportunidades en la televisión, como presentadora y locutora radial ¡y no he parado! Gracias a Dios.

Todo eso surgió a partir de aquel desastre, de mi época en los tribunales, del dolor, de los conflictos, de casi perder mi primera casita y de mi peor crisis económica. Después de haber tenido una carrera musical que estaba apuntando hacia el éxito, de estar sonando en todas las emisoras y tocar en múltiples eventos públicos y privados, comencé a experimentar algo que parecía ser una gran pérdida. Ese momento de gloria en el que estaba de repente se desvaneció.

Cuando algo no está corriendo de manera saludable,
lo más sano es soltar, y eso fue lo que hice, a
pesar de que en esa época no tenía la inteligencia
emocional ni la madurez que tengo hoy.

Recuerdo que ante aquella pérdida, comencé a cuestionarme qué había hecho mal, en qué había fallado. Eso de echarse la culpa es algo tan humano, a todos nos sucede o nos ha pasado cuando las cosas no salen como queremos. Aun así es necesario comprender que no siempre es solo nuestra responsabilidad, sino que también hay un peso en la otra parte; es decir, ambas fuerzas han fallado en algo. Esto último es muy importante, porque no podemos permitir que laceren nuestra integridad.

Cuando algo no está corriendo de manera saludable, lo más sano es soltar, y eso fue lo que hice, a pesar de que en esa época no tenía la inteligencia emocional ni la madurez que tengo hoy. De hecho, cuando me remonto a lo que pasó, pienso que es asombroso que hace más de veinte años yo haya tomado esas decisiones, aplicando un nivel de sabiduría que, sin duda alguna, solo pudo haber sido impartido por Dios, porque yo no tenía la experiencia de vida necesaria para tomar con tanta seguridad ciertas decisiones. Es por esa razón que puedo decir que terminé tomando buenas elecciones después de todo.

¿Cómo lo superé?

¿Cómo una muchacha de apenas 23 años pudo enfrentar el apogeo y el declive de su carrera musical e ir a los tribunales a pelear por su integridad como persona y artista? ¿De dónde salió esa fuerza de voluntad para encarar la situación dejando a un lado su sueño y aceptando oportunidades diferentes?

Indiscutiblemente, la familia juega un papel muy importante en el carácter que sacamos a relucir cuando enfrentamos cambios, en especial aquellos que hacen que todo parezca perdido. Reconozco que no todos tienen una familia unida, tampoco existen los padres perfectos, pero ¡valora a quienes hayan formado parte de tu desarrollo! En mi caso, quienes me mantuvieron de pie a través de aquella tormenta, ya ustedes imaginan quiénes fueron … por supuesto que mis padres. Ellos nunca me han soltado en todos mis procesos desde que comencé mi carrera artística siendo una niña.

¿De dónde salió esa fuerza de voluntad para encarar la situación dejando a un lado su sueño y aceptando oportunidades diferentes?

Por eso es tan importante la familia. El problema es que cuando tenemos fama, muchas veces esto se nos olvida. Nos montamos en ese viaje y perdemos de vista a las personas que han estado con nosotros desde el día que nacimos y que siempre nos van a querer de manera genuina; recuerda que las primeras personas que siempre van a desear nuestro bienestar son nuestros padres, abuelos, aquellos que comparten nuestra sangre, quienes nos amaron desde el nacimiento. Los que están aquí o allá, en las buenas y en las peores. Yo no conté con la presencia de abuelos en mi vida, lamentablemente no sé lo que es ese amor, pero esa es otra historia, por eso siempre menciono solo a mis padres.

Esas son las únicas personas que van a estar para ti de forma incondicional, sin importar lo que pase o lo que hagas. El amor de mis padres es tan poderoso que, a pesar de que en ciertos momentos me alejé de ellos, llevada por la euforia de la fama y los compromisos profesionales, ellos nunca se olvidaron de mí ni me echaron a un lado. No son perfectos, pero su amor sí lo es.

Eso suele suceder mucho, aunque muchas veces no es intencional, sino que nos dejamos arrastrar por la euforia y las exigencias de la carrera. En mi caso, yo nunca tenía tiempo y siempre estaba ocupada. Pero cuando llegó ese momento de decepción en el que sentía que todo se caía y los amigos se alejaban, los únicos que permanecieron en pie entre los escombros eran ellos, como unas columnas fuertes e inquebrantables. Quizá mi carrera y lo que había construido estaba en ruinas, sin embargo, mi mamá y mi papá estaban como un cimiento indestructible que me mantuvo firme.

Cuando aquellos que te rodeaban en tus momentos de fama y gloria desaparecen ¿quiénes se quedan? En mi historia, ¿quiénes permanecieron conmigo? Desde ese momento empecé a valorar muchísimo más a mis padres y comencé a entender que el mundo podía caerse, pero ellos iban a estar conmigo.

Esto también me ayudó mucho, como mujer y como figura pública, a entender que, a pesar de que me apasionaba la industria, no me iba a dejar arrastrar por ella. Si había alguna cosa que me perjudicara a mí o a mi familia, incluso que dañara mi integridad, yo no la iba a hacer. Esto es algo que debemos tener muy claro. Es cierto que podemos tener muchos sueños en esta vida, no obstante, nada puede lacerar a tu familia ni a tu integridad o tu esencia como ser humano. Si ese es el caso, es mejor soltar, pasar la página y comenzar a hacer otra cosa.

Durante la época que viví estas situaciones, casi nadie supo nada al respecto, yo nunca he sido una persona a la que le guste estar exponiendo ese tipo de cosas ni haciendo drama o creando conflictos. De hecho, lo manejé de forma muy privada e interna. En esta oportunidad lo comparto contigo que me lees, pues considero importante que sepas que, ser artista o celebridad no me exime de situaciones difíciles. Al igual que tú, he tenido que transitar caminos con más espinas que rosas y he sido formada en el fuego de las adversidades.

Todo este proceso me ayudó a moldear gran parte de mi carácter, algo esencial para manejar las oportunidades que Dios me iba a presentar. A veces esas circunstancias que no entendemos son el cincel con el que el Señor nos va tallando, cortando y moldeando para tener las herramientas que necesitaremos en el siguiente reto del camino.

> *Al igual que tú, he tenido que transitar caminos con más espinas que rosas y he sido formada en el fuego de las adversidades.*

En ese momento yo reconocí que la familia es lo más importante. Además, aprendí que es necesario tomar tiempo para trabajar en uno mismo, así como en nuestra salud emocional y espiritual. En cuanto a esto último, un aspecto que considero vital para todo ser humano, yo siempre he sido una persona muy temerosa de Dios, un principio que se me inculcó en casa, y por ello siempre he estado conectada a Él de una manera u otra; aunque es ahora que estoy en la etapa más profunda de mi relación con mi Padre celestial, en esa época Él fue mi refugio. Por eso, gracias a los valores y al apoyo que recibí en mi hogar yo nunca busqué otras opciones, como las drogas o el alcohol.

Mi respaldo fueron mi familia y Dios, la relación con Él y la comunicación saludable que tenía con mi familia. Para mí, esas son las herramientas de vida más importantes. A veces nos refugiamos en amigos, cosas u otras personas que desaparecen o nos abandonan en el momento más crítico. Recuerda siempre que tu familia son aquellas personas que de verdad van a querer lo mejor para ti.

En la radio y la TV

Después de comprender que tenía nuevas oportunidades, como por ejemplo, la que me presentó el productor Luisito Vigoreaux, comencé a exponerme y esto a su vez me llevó a nuevos proyectos dentro de la televisión.

Esto sucedió porque dije que sí a lo que parecía una oportunidad pequeña y la aproveché; cuando uno está escondido nadie lo ve, así que es necesario exponerse. A partir de ahí me puse en contacto con otras personas que me invitaron a participar en nuevos proyectos de teatro musical y televisión, hasta que llegué a la radio.

Mis inicios en la radio fueron gracias a una amiga, Bea Ferreira, quien me dijo que estaban buscando un talento en una emisora de Amplitud Moderada (AM), llamada 11Q. De esta manera comencé a exponerme en el espacio radial y ¿sabes qué pasó?, me llamaron de otra emisora un poco más popular y que era FM.

Lo que quiero decir con esto, es que exponerme una vez más fue lo que me abrió más puertas. Dios me había dado el discernimiento en medio de mi proceso, para atreverme a tomar las alternativas que se me estaban presentando y, como resultado, esa exposición me fue llevando hacia otras oportunidades. Si me hubiese quedado encerrada en la casa, deprimida por las cosas que no habían resultado bien con la música, mi carrera quizá hubiera desaparecido.

Es por eso que nunca se debe minimizar una oportunidad, a veces esas pequeñas oportunidades son las que nos impulsan hacia otras grandes posibilidades. Esas puertas que se abrieron, me llevaron a espacios más amplios, llenos de otras entradas y proyectos de mayor amplitud.

De igual manera, mi participación en la emisora 11Q fue el primer paso necesario para que me llamaran de otras emisoras de frecuencia FM, como por ejemplo 103.3 FM, Dimension 103, en la que estuve dos años en un *talk show* desde las tres de la tarde hasta las siete de la noche. Esa experiencia provocó que me llamaran para formar parte del programa de radio que catapultó mi carrera como locutora, el Gangster y Funky Joe, que para ese momento se llamaba «El Bayú», y era transmitido por la emisora Salsoul 99.1 FM. Gangster y Funky son un binomio radial con más de cuarenta años de trayectoria en este medio.

Ellos me integraron a su programa como la primera mujer entre ellos dos. Esto fue un gran orgullo para mí, ya que era parte de un proyecto nuevo que tenían en su espacio dentro de la radio. Eso ocurrió en el año 2007.

De esta manera, para febrero del 2008, comenzamos con el nuevo proyecto radial llamado *El Circo de la Mega* con Gangster, Funky y Daniela, ¡yes! ¡Esa soy yo! Un proyecto maravilloso que catapultó mi carrera artística.

Pero esto no fue todo. El mismo año en el que comenzamos *El Circo de la Mega*, Tony Sánchez, el Gangster, me invitó a coanimar con él su *show* de televisión diario que él conducía, llamado *No te Duermas*, en Telemundo Puerto Rico. Así que te imaginarás mi alegría durante esa época. No paraba de trabajar y cada día me posicionaba más en la televisión y en la radio dentro de mi país.

Por esa razón es que les guardo mucho respeto y un enorme agradecimiento a ambos. Ellos me dieron la confianza, la oportunidad de trabajar con ellos, además de que siempre me demostraron respeto. Hoy en día, más de quince años después, puedo decir que son mis amigos y existe comunicación entre nosotros.

Toda esta evolución en la radio iba avanzando en paralelo con la de la televisión. Al mismo tiempo que me estaba desarrollando como locutora radial, también lo hacía como animadora de TV, aunque mi trayectoria como presentadora de televisión había nacido cuatro años antes (2004), en un programa muy conocido en Puerto Rico, llamado *Objetivo Fama*, un *reality show* musical.

Allí fue donde nació Daniela Droz, la presentadora de televisión. Todo comenzó gracias a la productora de este *show*, Soraya Sánchez, quien ya me conocía por mi carrera en la música. En una oportunidad, ella me invitó a participar de una audición junto a otros talentos. Esto sucedió en los estudios de Univisión

Puerto Rico. Estando allí, me tocó leer un teleprónter, que son esos aparatos que consisten en una pantallita que se conecta a una cámara y a una computadora, por la cual pasan el texto que leen los periodistas; bueno, eso era antes, porque ahora lo puedes tener en tu celular por medio de un app ¿has visto? Era la primera vez que hacía eso, y estaba nerviosa pero gracias a Dios ¡triunfé!

En un inicio, se acordó que mi participación solo sería en un segmento sobre el *reality Objetivo Fama*, un espacio que Soraya había abierto en un programa nocturno diario llamado Anda pa'l cará, que ella también producía, durante el cual yo mostraba cápsulas de lo que sucedía en el *reality*.

Sin embargo, Soraya, a quien siempre agradeceré la oportunidad, quedó tan satisfecha con mi trabajo que también me ofreció conducir un programa los días lunes, llamado *Objetivo Fama sin editar*, que consistía en un resumen de lo que pasaba los sábados en las galas, las cuales también terminé animando, de hecho, aunque ese no era el plan inicial. Se suponía que estas contarían con un solo presentador, pero la productora decidió que necesitaría un refuerzo y me integró también como animadora en las galas. Todo esto pasó de repente. Sin darme cuenta, terminé de lunes a sábado al aire en la televisión puertorriqueña, en los programas más pegados de esa época. Fue así como se popularizó mi carrera como presentadora de TV.

De una pequeña oportunidad, pude escalar en el teatro musical, aparecer en todas las salas de teatro, llegué a la radio y a la televisión, con una carrera muy activa en estos tres espacios.

Dios me abrió las puertas y yo me permití esas nuevas oportunidades, las cuales marcaron el punto de inicio para el resurgir de Daniela Droz. La música se había quedado a un ladito. Pero lo más increíble es cómo surgieron tantas otras oportunidades después de haber soltado una cosa que no estaba fluyendo.

Dios me abrió las puertas y yo me permití esas nuevas oportunidades, las cuales marcaron el punto de inicio para el resurgir de Daniela Droz.

Por esta razón es que tenemos que ser objetivos en la vida y dejar de quejarnos por aquellas cosas que no tenemos o que no se dan, en cambio, saquémosle provecho a lo que sí tenemos. Eso fue lo que hice. En lugar de ponerme a llorar por el hecho de que la música estaba en pausa, me di la oportunidad de pasar por las puertas nuevas que se estaban abriendo frente a mí y explorar qué había detrás de ellas. De manera que pasé de ser cantante a convertirme en actriz de teatro musical, locutora de radio y animadora de televisión ¡todo al mismo tiempo! Como dicen en mi país, yo estaba «pegá, pegá, pegá», es decir, en el «spot».

Dios me entregó nuevas oportunidades para resurgir. Aunque para avanzar en ese proceso de levantarme de las cenizas, como el ave fénix, era necesario tener disposición.

Para avanzar en la vida es necesario estar dispuestos. Si tú no tienes disposición las cosas no se van a dar. Dios siempre nos pone las oportunidades frente a nosotros, sin embargo, muchas veces nos enfocamos en las cosas que no se están dando o en las que no tenemos, entonces terminamos perdiendo de vista las posibilidades que el Padre nos está entregando.

Después de más de veinte años, puedo confirmar que la mano de Dios estuvo allí siempre. Pero esto no es solo conmigo, ya que yo no soy la persona más especial de este planeta, sino que todos somos importantes. Por lo anterior, estoy segura de que puedes identificarte con esto que viví.

Quizá en este momento de tu vida ves algunas puertas cerradas, y hay oportunidades que no se están dando; tal vez estás metido en un conflicto y te estás enfocando en eso, cegándote a todas las demás opciones que se te están presentando.

Ante esto, mi deseo es que, de la misma manera que yo lo hice, tú también recibas el discernimiento y la sabiduría para reconocer que no podemos enfocarnos solo en el sufrimiento, sino en las opciones y soluciones.

Siempre estaré agradecida con Dios por darme la oportunidad de comprender que esa etapa ya había pasado y que se quedó en *stand by*. Si en algún momento se vuelve a abrir la puerta de la música, ¡gloria a Dios!; mientras eso sucede, sigo haciendo todas estas cosas que igual me hacen feliz.

Para mí, el hecho de no seguir en la industria musical no fue un fracaso. Ese proceso fue una escuela en la que aprendí muchísimo y me dio el impulso para luego convertirme en una de las conductoras de TV y locutoras más importantes de mi país. Después de ese resurgir, no he parado de trabajar. Cuando se acababa un proyecto, comenzaba otro y así sucesivamente.

Me enfoqué mucho en trabajar, en mantenerme activa, en que mi carrera avanzara y en ahorrar dinero, en vista de que ya había tenido una situación difícil y eso no me iba a pasar de nuevo. Comencé a ser muy cuidadosa con mis finanzas y en cómo movía mi dinero.

También aprendí a discernir y a estar muy alerta a las personas que se acercaban a mí, porque cuando estás en el centro del ojo público muchos quieren estar a tu lado y beneficiarse de eso. Aun así, existen personas que te buscan y te quieren de forma genuina, quienes realmente desean hacer alianzas contigo, crear proyectos y caminar juntos. Por eso es tan necesario pedirle a Dios discernimiento, debido a que no todos vienen con una mala intención.

Los aplausos y elogios de las personas no siempre significan que estás haciendo todo bien ni que todos los que te rodean son buenos. Así que es necesario desarrollar ese discernimiento y la capacidad de detectar quién se acerca con una mala intención o todo lo contrario. Eso también ha sido parte de mi proceso de crecimiento.

Este es el resumen de cómo se fortaleció mi carrera. En pocas palabras, de un desastre surgió una nueva historia. Por eso no podemos perder la esperanza ni la perspectiva cuando se nos presentan dificultades; no sabemos qué puertas se pueden abrir ni hacia dónde nos van a llevar. Necesitamos aprender a ver el propósito detrás de cada situación.

Yo nunca dejé de hacer las cosas que me gustaban. Por ejemplo, la música seguía presente a través del teatro musical, incluso, haciendo algunas colaboraciones; tampoco he dejado de cantar, aunque no lo hacía de manera *full time*. Mi voz sigue ahí y mientras Dios me dé salud podré seguir usándola.

Esa puerta nunca se ha cerrado y en mí sigue el deseo de volver a hacerlo, esta vez con una perspectiva diferente. Sin embargo, en este momento me encuentro en otra etapa de mi vida en la que me estoy enfocando en mi bienestar espiritual, emocional, y en compartir esto con otros. Mi objetivo es disfrutar de mi paz y de mi hijo. Pero sí, creo que la música va a regresar.

Quizá tú me ves hoy y piensas que en mi vida todo ha sido como digo en mi eslogan: «alegría y bomba, ¡eh!», cuando la verdad es que también he pasado por muchos momentos de dolor y tristeza, igual que tú y que todos.

Toda esta historia que he compartido contigo es un ejemplo, un caso de la vida real, de cómo las personas podemos levantarnos de esos momentos de oscuridad en los que caemos y nos golpeamos contra la realidad que se escapa de nuestro control.

Es mi deseo que todo este proceso de vida y los aprendizajes que te he contado en este capítulo, puedan inspirarte y te sirva de apoyo para ver las oportunidades y opciones que se te están presentando. Pídele a Dios el discernimiento necesario para que puedas darte cuenta de las señales, yo sé que Él te lo dará.

Que se cierre un capítulo en nuestra vida no quiere decir que sea el punto y final de nuestra historia. Siempre tenemos la oportunidad de escribir nuevos capítulos, solo debemos estar dispuestos y abrir nuestro corazón para conectarnos con Dios y que Él nos guie. Si haces esto, te aseguro que empezarás a ver esas nuevas posibilidades. No te cierres, intenta cosas nuevas.

Siempre tenemos la oportunidad de escribir nuevos capítulos, solo debemos estar dispuestos y abrir nuestro corazón para conectarnos con Dios y que Él nos guie.

Para mí, la clave es estar dispuesto a aprender, a asumir nuevos retos, en lugar de lamentarnos por las cosas que no se dan como esperamos. No hay tiempo para quedarse llorando. Yo me lamentaba y me permitía llorar, pero así mismo me lavaba la cara y salía para la calle. Sí, sufría, pero no me quedé en ese dolor, sino que boté el golpe y seguí mi camino.

Si reconoces que te encuentras estancado en una situación y que te estás perdiendo de ver las otras puertas, te invito a conectarte con Dios de manera sincera, abriendo tu corazón y soltando todo en sus manos. Solo pídele que te dirija hacia donde debes ir para que puedas disfrutar tu vida, resurgir como el ave fénix. Eso sí, si le pides eso, permítele a Él que lo haga, no lo intentes con tus propias fuerzas, deja que sea Dios quien obre y te aseguro que podrás alcanzar tu propósito.

INTROSPECCIÓN, de ti para ti:

1. ¿Cómo defines la palabra fracaso?

   _____

   _____

2. ¿Te abres a nuevas oportunidades o te cierras? ¿Te aferras o sueltas?

   _____

   _____

3. ¿Te echas la culpa cuando los planes no salen como esperabas o fluyes?

   _____

   _____

4. ¿Te ha dado miedo intentar algo nuevo, pero lo has intentado con miedo? Si la respuesta es sí, explica cómo te sentiste, si es no, responde ¿qué es lo que te detiene a intentarlo?

   _____

   _____

Capítulo 3

El corazón de Yesenia

El libro más importante, más vendido y leído de la historia, la Biblia, dice en Proverbios 4:23: «Sobre toda cosa guardada, guarda tu corazón; porque de él mana la vida». Debemos cuidar nuestro corazón porque este representa nuestros pensamientos, deseos y emociones. Nuestro corazón es el centro de nuestra vida espiritual y moral, le da forma a nuestras decisiones y acciones. También dice en Jeremías 17:9: «Engañoso es el corazón más que todas las cosas, y perverso; ¿quién lo conocerá?».

> *«Sobre toda cosa guardada, guarda tu corazón; porque de él mana la vida».*
> Proverbios 4:23

El versículo de Jeremías 17:9 nos habla de la naturaleza engañosa del corazón humano, que solo Dios puede conocer y juzgar, y nos invita a reflexionar sobre nuestras intenciones y motivaciones. Así que debes tener mucho cuidado con frases como «deja que tu corazón te guíe», también evita decir: «Esto es lo que siente mi corazón». No bases tus decisiones solo en lo que siente tu corazón, porque no es tan sano como lo pintan. Créeme, estuve muchas veces ahí.

Cada experiencia en mi vida, tanto a nivel profesional como personal, me ha dejado grandes aprendizajes.

En el capítulo anterior, compartí contigo algunas de las situaciones que viví en el ámbito profesional, cómo las enfrenté y las resolví gracias al apoyo incondicional de mi familia, así como la sabiduría y ayuda de Dios.

Sin embargo, hubo un área en la que no tomé decisiones muy sabias. Esta parte de mi historia y mi corazón es la que quiero compartir contigo en este capítulo, con la intención de mostrarte los aprendizajes que coseché en cada episodio que viví con algunas personas a quienes les di espacio en mi vida, y cómo esto me llevó hacia el camino de la búsqueda de sanidad emocional y espiritual que he estado experimentando en los pasados años.

De dónde vengo, mi crianza

Vengo de un hogar en el que papá y mamá han permanecido casados hasta el día de hoy que escribo este libro ¡por cuarenta y siete años! No ha sido perfecto, sino que han pasado las altas y las bajas, han enfrentado y superado muchas cosas, pero juntos. Ese ha sido mi ejemplo.

También tengo tres hermanos mayores, hijos de mi papá de su primer matrimonio, los cuales han tenido relaciones de toda la vida, igual que mi hermana menor. Todos llevan más de veinte años con sus respectivas parejas.

Crecí en ese contexto, siendo una niña con un hogar bastante estable, a pesar de que no ha sido perfecto, porque mis padres también cometieron errores, como todos en la vida. En este sentido, entiendo que nuestros padres nos dan de lo que tienen, por eso sé que no estamos en posición de juzgarlos. Por ende, en el aspecto sentimental fui una jovencita tranquila y prudente. Tuve un noviecito en *high school*, como a los quince años; cosas de adolescente. No obstante, tuve mi primera relación formal a los veintiún años, ¡casi al mismo tiempo que comenzó mi carrera artística como Daniela!

En este sentido, entiendo que nuestros padres nos dan de lo que tienen, por eso sé que no estamos en posición de juzgarlos.

Esa primera relación amorosa fue una experiencia muy linda con un joven que me amaba y me cuidaba. A pesar de que no continuamos juntos por nuestra falta de madurez en aquel entonces, seguimos siendo buenos amigos desde hace unos veinticinco años. Esto ha sido así gracias a que, a través de los años, nos hemos demostrado que nos queremos, respetamos y nos valoramos. Además, entendimos que tenemos caminos diferentes.

Esto me ha ayudado a entender que, cuando reconoces valor en una persona y sobre todo te conoces a ti mismo, puedes comprender que no todo el mundo llega para quedarse en el rol que pensaste que era el que le tocaba asumir en tu vida. En el caso de mi primer novio hemos mantenido la comunicación y una amistad respetuosa a través de los años.

Aprendí muchas cosas valiosas estando con él. En particular, fue un caballero conmigo y me brindaba esa sensación de seguridad y estabilidad que tanto anhelamos las mujeres. También me apoyaba en mi carrera artística, me acompañaba a los ensayos, disfrutaba mis *shows*, que la gente me aplaudiera y me pidiera fotos. Puedo decir que ese sí fue un noviazgo muy sano.

No obstante, la inmadurez fue un factor detonante en esta relación. En lo que a mí respecta, me dejé dominar por el ego y no supe manejar las emociones que experimentaba por el contexto de vida en el que me estaba desenvolviendo. En esa época yo estaba iniciando en el ambiente artístico, con muchos sueños y anhelos, además de muchos conflictos, y a la vez viviendo un noviazgo por primera vez, por ende, era complicado mantener una relación sentimental saludable.

Estaba inmersa en unos desbalances emocionales que no supe manejar y provocaron que esa relación terminara. A su vez, el ego jugó un papel importante en esa situación, me confundió, me dominó, por eso, aunque él era un buen muchacho, yo dejé de ver esas virtudes y comencé a enfocarme en mis deseos egoístas, así como en lo guapa y fabulosa que me sentía.

En definitiva, esa fue una decisión desacertada, y más si lo veo a la luz de la manera en la que él me apoyaba, la cual era un gesto de amor muy bonito que en ese momento no supe valorar.

Después de esa ruptura, comencé a buscar de manera equivocada, intentando llenar espacios del corazón sin tomar en cuenta algunos aspectos que en esa época no tenía muy claros.

Me casé y ¿fracasé?

Luego de ese noviazgo tan bonito, que duró tres años y medio, conocí a un muchacho con el que me envolví en una relación de forma muy apresurada, a pesar de que teníamos muchos conflictos emocionales. Eso sucedió pocos meses después de terminar con mi primer novio, cuando yo tenía veinticuatro años.

Esta relación fue completamente diferente a la anterior. Por alguna razón, este hombre y yo creíamos que debíamos estar juntos y tomamos la decisión de casarnos dos años después de conocernos, y aunque no teníamos una relación sana, jamás nos imaginamos que podía ser peor.

Cuando dos personas están en una relación y no trabajan en su inteligencia emocional ni su salud mental y mucho menos su vida espiritual, las deficiencias de ambos se mezclan y ninguno es capaz de darse cuenta de que necesita ayuda. Así nos pasó a nosotros, por eso estuvimos cinco años juntos, dos de novios y tres de casados, en una relación muy dañina.

Cuando dos personas están en una relación y no trabajan en su inteligencia emocional ni su salud mental y mucho menos su vida espiritual, las deficiencias de ambos se mezclan y ninguno es capaz de darse cuenta de que necesita ayuda.

Ahora, cuando rememoro esos años, puedo darme cuenta de que yo no sabía estar sola y eso me llevó a equivocarme. Yo no me tomé el tiempo de estudiar la situación antes de tomar una decisión.

Recuerdo que en esa época, habíamos empezado a congregarnos en una iglesia a la que asistían unos amigos, deseábamos alimentar nuestra espiritualidad, y como queríamos «hacer las cosas bien», decidimos casarnos. Pero ahora entiendo que esta elección no solo se trata de «no fornicar por estar viviendo juntos», sino de muchas otras cosas que tienen que reconocerse y atenderse antes de llegar al matrimonio. Es obvio que nosotros no lo hicimos. ¿Y qué pasó?, fracasamos porque nunca hicimos las cosas en el orden correcto.

Fue así como me casé a los veintiséis años. Él y yo éramos muy inmaduros, pero nos refugiábamos el uno en el otro, como una especie de dependencia emocional nada saludable. Teníamos personas en nuestro entorno que nos intentaban orientar, pero había mucho que sanar a nivel individual para poder reconocer todo lo que había que mejorar como pareja.

Para ese momento, ambos pensábamos que estábamos haciendo las cosas de la manera correcta. Además, ni él ni yo éramos malas personas, solo que teníamos muchos conflictos internos que no habíamos trabajado, los cuales fueron escalando con el paso del tiempo.

De esta manera, terminé metiéndome en esta relación tóxica, una palabra que se escucha mucho en estos días y varias veces la utilizan como algo jocoso ¡pero ojalá se le diera la atención necesaria!, en especial, porque tiene un peso tremendo y es muy peligrosa. Durante esta etapa de mi vida, todo estaba pasándome al mismo tiempo, es decir, no solo estaba comenzando una vida como una mujer casada, sino que también estaba experimentando un auge en mi carrera. No obstante, aunque a nivel profesional me estaba yendo muy bien, mi matrimonio no era tan exitoso.

En esos tres años de matrimonio, hice todo lo posible por mantener a flote nuestra relación. De mi parte hubo muchos intentos de hablar y enmendar las cosas, solo que no siempre obtenía un buen resultado. La lucha de egos era terrible.

Los problemas de comunicación son muy frecuentes en las relaciones de pareja, pues, por lo general, a las personas les cuesta conversar, sobre todo ser honestos consigo mismos y con quien dicen amar, y no saben reconocerlo, algo que me parece fatal. Aunque una de las partes sí intente comunicarse, mientras el otro no lo entienda ni quiera ceder, alguno esté a la defensiva o culpe al otro, entonces, no habrá mucho qué hacer.

Esta situación era muy difícil. Sin embargo, permanecí en una relación que yo sabía que no estaba caminando hacia ningún lado. ¿Por qué lo hice? ¿Cuáles eran los factores que me mantenían hundida en una relación que me estaba asfixiando el alma? Puedo decir que algunas de las razones eran el miedo a estar sola y el otro era el temor a fracasar. ¿Te has sentido de esta manera?

El miedo a la soledad era algo muy interno, pero el fracaso era otra historia. Me aterraba pensar en la decepción por tener un divorcio, qué dirían o pensarían, en especial mi familia y el público.

Otro aspecto que me frenaba de tomar la decisión era el miedo a comenzar una nueva relación. Yo no me planteaba estar sola, sino que me mortificaba con la idea de tener que conocer a alguien nuevo e iniciar una relación con una persona diferente. Además, yo lo justificaba, minimizando el hecho de que nos estábamos lastimando mutuamente, que ya no había respeto, ni compatibilidad, compañerismo, ni comunicación; todo esto debido a que el orgullo nos estaba consumiendo.

Esto que me sucedió les ha pasado a muchas parejas. ¿Se te hace familiar? Te entiendo. Yo también me quedé estancada en un lugar por miedo a quedarme sola, al qué dirán o a volver a empezar.

No obstante, llegó un momento en el que la situación comenzó a ser insostenible y no podía ni quería seguir resistiendo. Él no lo veía así. De hecho, cada vez que le decía que debíamos separarnos él me decía que no se había casado para divorciarse. No había entendimiento entre nosotros, la cosa no estaba funcionando y no existía comunicación efectiva ni de ningún tipo. Era como si habláramos en idiomas diferentes.

Como no había una oportunidad de acuerdo, una de las partes debía tomar una decisión y en este caso fui yo. Llegué a un punto en el que me sentía tan amargada e infeliz que ni siquiera quería llegar a mi casa. Todo mi enfoque era el trabajo.

Entonces dije «hasta aquí» y un buen día salí de mi casa para no volver, porque no aguantaba más. No hubo otra manera; era una relación viciada de violencia. Él nunca me dio un puño, pero sí hubo empujones, sacudidas, gritos, y eso es violencia. En ese nivel, yo no estaba dispuesta a quedarme para ver si me daba un golpe o algo peor.

Yo no podía normalizar esa situación. El maltrato físico no solo se trata de que te den un golpe en la cara. Basta con que exista forcejeo, manotazos o que te «arrinconen» contra la pared. Ninguna persona debe acostumbrarse a esto. Eso no debe existir. De la misma manera, no podemos justificar la violencia verbal: que te griten, te ofendan, se burlen de ti, te humillen, te denigren o te traten con sarcasmo o manipulación.

Esta época me hizo mucho daño y laceró mi corazón. En consecuencia, nos divorciamos cuando yo tenía veintinueve años.

Es decir que a mis treinta años ya tenía un divorcio, gracias a Dios, no tuvimos hijos. Sin embargo, esto para mí representó un conflicto interno enorme y como soy una figura pública, toda mi relación, los conflictos, incluyendo el divorcio, estuvieron expuestos en los medios de comunicación. Lo que sí, lo que no, lo que era y lo que se inventaban, ¡todo! Y lamentablemente, él abonó mucho a los «chismes» y mentiras sobre mí. ¡Fue terrible!

Cuando nos divorciamos, los programas de chismes de radio y televisión lo perseguían por un lado y a mí por el otro. Todo esto fue muy duro para mí. Terminé muy lastimada y sufrí bastante, en especial porque tuve que enfrentar al público sintiéndome devastada por dentro. Imagínate ver y escuchar al que durmió a tu lado por cinco años, dando entrevistas a lo loco en los medios de tu país, con toda la intención de manchar tu reputación e imagen con inventos e historias creadas por su mente. Era una locura.

Después de que salí de esa relación, intenté sanar. No obstante, la realidad es que duré diez años arrastrando las consecuencias emocionales de esa relación, de tal modo que donde le veía los pies, quería verle la cabeza.

Finalmente, llegué a un punto de mi vida en el que decidí sanar. Leíste bien: lo *decidí*; porque somos nosotros quienes escogemos quedarnos en el mismo sitio o evolucionar. Entendí que el perdón no es un sentimiento que aparece mágicamente, sino una decisión que parte de una necesidad espiritual. Para ese momento, mi relación con Dios aún no era tan profunda como ahora, aunque Él ya estaba tocando la puerta y tratando conmigo, así que puso en mi corazón la inquietud de que debía soltar ese sentimiento negativo. Como resultado, terminé escribiéndole a mi exesposo, después de diez años. En aquel entonces, él iba a tener un hijo y yo entendía lo importante de ese evento, pues yo ya tenía a mi hijo.

> *Entendí que el perdón no es un sentimiento*
> *que aparece mágicamente, sino una decisión*
> *que parte de una necesidad espiritual.*

Logramos hablar y perdonarnos, para finalmente cerrar ese capítulo de nuestras vidas que nos había perjudicado tanto. Ese fue un suceso muy bonito y sanador para ambos, debido a que habíamos estado casados y todo había terminado mal; no solo fuimos noviecitos, sino que hubo un matrimonio de por medio, por tanto, era necesario que habláramos y soltáramos el rencor y el dolor acumulado. De esta manera, cada quien siguió su camino más ligero.

Una de las cosas que aprendí durante y después de este matrimonio fallido fue a identificar los banderines rojos, esos que a veces queremos ignorar cuando estamos ilusionados con alguien o no queremos estar solos. En mi caso, siempre los tuve frente a mí y los ignoré por distintas razones. Hasta que por fin me di cuenta de que había arrastrado cinco años de mi vida en una relación que no progresaba, que no iba para ningún lado y que más bien me atrasaba.

También acepté que las personas son como son. Si conoces a alguien que te demuestra algo que no está bien, no pienses que eres su salvador o salvadora, y que vas a lograr que él o ella cambien. A veces nos ilusionamos y desarrollamos el síndrome de Madre Teresa de Calcuta, el cual no es una condición médica reconocida, sino un término para describir un patrón de comportamiento en el que una persona se enfoca en ayudar a otros hasta el punto de descuidar sus propias necesidades y bienestar. Esta conducta termina destruyéndonos a nosotros mismos, porque nos desgastamos intentando transformar a las personas en lo que esperamos de ellas, ignorando cómo son en realidad. Frases como «conmigo va a ser diferente», «cuando nos casemos todo va a ser mejor» o «yo voy a hacer que cambie» son las mentiras más grandes que podemos decirnos. Las expectativas nos hacen sufrir demasiado.

La realidad es que cuando te cases, lo que está mal, si no se ha trabajado, va a ser peor, lo que tienes frente a ti es lo que hay y la única manera en la que esa persona va a mejorar será por elección propia, es decir, que simplemente lo decida.

Frases como «conmigo va a ser diferente», «cuando nos casemos todo va a ser mejor» o «yo voy a hacer que cambie» son las mentiras más grandes que podemos decirnos.

Por tanto, es tan necesario ver los banderines que nos muestran quiénes son las personas. Es cierto que, al principio, siempre muestran su mejor cara, pero con el tiempo dejan ver verdaderamente quiénes son. Uno se da cuenta si es atento o no, si te escucha o te ignora, si te admira o te minimiza, si es dominado por su ego, si su vida espiritual está vacía o llena, si le importa más la calle o la familia, incluso si tiene algún tipo de vicio. Todo lo que acabo de mencionar se nota, aunque siempre se escapan detalles, ya sea en comportamientos, actitudes, comentarios o a través de la apariencia física. Lo que sucede es que muchas veces preferimos ignorarlo.

Esos banderines se hicieron evidentes para mí, a tal punto, que cada vez que un hombre se me acerca y veo que muestra características similares, le cierro la puerta; no estoy dispuesta a repetir el patrón del que salí. También comprendí que uno no puede obligar a la otra persona a ser como es uno ni mucho menos a expresar el amor a través del mismo lenguaje. Esa es una tarea desgastante. En especial si tu pareja, en lugar de manifestar afecto, lo único que hace es lastimarte y faltarte el respeto con sus palabras y acciones.

El proceso de divorcio también me dejó otra lección muy importante, la importancia de callar. Mi separación fue muy traumática y controversial. Yo era una figura pública con una carrera más expuesta.

En otras palabras, yo tenía mucho más que perder. Por eso, en aquel entonces aprendí a callar y a lidiar con las situaciones de forma privada e íntima.

Otra de las cosas que comprendí durante este proceso es que yo no era yo en esa relación, debido que durante esos cinco años me opaqué demasiado. Ese comportamiento era ajeno a mí; mis padres me criaron para que tuviera una autoestima sana y para que estuviera segura de los pasos que hay que dar en la vida.

Esta relación disminuyó la intensidad de mi luz y me hizo sentir menos en muchas áreas de mi vida, como artista y como mujer. Fue una situación muy difícil. De modo que, cuando por fin salí de allí, pude decir: «Yo no pertenezco a ese lugar. Tú no eres lo que te han hecho creer, sino otra cosa, así que vamos hacia adelante. Tú tienes que brillar y caminar, porque te has detenido demasiado».

Este entendimiento vino acompañado de nuevas oportunidades. Las puertas comenzaron a abrirse ante mí en el área profesional, de modo que asumí una actitud muy positiva, y a pesar de que lloré muchas veces, nunca me eché a morir. No me encerré en el dolor, sino que busqué la manera de salir adelante. Cariño, quiero que comprendas que la clave eres tú, por eso tienes que levantarte, continuar y punto.

Yo estaba viva, tenía el talento y se me estaban presentando las oportunidades, por ende, no podía quedarme encuevada. Así que mi carrera como Daniela Droz fue una de las maneras a través de las cuales pude sanar, gracias a que amo lo que hago, me apasiona y lo disfruto demasiado. Siempre he pensado que todo lo que pasa es parte de un propósito perfecto y tiene una razón de ser, de modo que debemos saber reconocer cuándo debemos soltar. En cuanto a esto, solo te puedo decir que cuando me divorcié, despunté a nivel profesional como nunca, con eso lo digo todo.

Lo que más me ayudó a superar ese evento traumático en mi vida fueron las oportunidades que Dios me brindó en mi carrera. Me sentía plena, tranquila, tenía conmigo a quienes necesitaba, así que me dije: «Vamos p'alante, alegría y bomba eh».

Siempre he pensado que todo lo que pasa es parte de un propósito perfecto y tiene una razón de ser, de modo que debemos saber reconocer cuándo debemos soltar.

Una relación es de dos, por lo que cuando algo sale mal, ambos tienen una cuota de responsabilidad. Yo permití demasiadas cosas y no actué al respecto.

Lo mejor es que, aunque pasaron diez años para que yo pudiera sanar todo el daño que estaba en mi corazón, puedo asegurar que no tengo ni una gota de rencor contra esta persona. Mi corazón está libre de amargura y resentimiento. Entonces… ¿fracasé? Yo prefiero verlo como ganancia, motor de cambio, aprendizaje y crecimiento. Cambiemos nuestra manera de pensar y valoremos nuestras experiencias.

Mi problema con las maripositas

Durante los diez años posteriores a mi divorcio, pasé por muchas otras relaciones, en mi intento desesperado por llenar esos vacíos que ahora sí puedo reconocer, solo que en esa época no contaba con las herramientas para reconocerlo. Ahora entiendo la importancia de sanarse uno, y para hacerlo es necesario conectarse con Dios y buscar su propósito, en lugar de intentar rellenar esos espacios con personas, situaciones u otras cosas.

En esa época pude darme cuenta de que a veces uno cree que está bien o que es una persona segura de sí misma, y resulta que no es así. De igual modo pensaba, como dicen: «que un clavo sacaba a otro clavo», esto quiere decir que para superar la relación anterior ¡pues que venga el próximo! La vida no funciona así. Cada persona que llega a nuestra vida trae unas energías, un pasado y unas situaciones que se integran a nosotros.

Puedo decir con franqueza que, a pesar de la relación desastrosa de la que venía, para ese momento, aún no había superado mi tendencia a dejarme llevar por las mariposas en el estómago, esos enchules zánganos.

Recuerdo que a los treinta tuve una relación, la cual duró algunos años y en la que me enamoré muchísimo de la persona. Estos sentimientos apasionados surgieron en mí de forma repentina porque yo venía de una relación muy vacía, así que cuando me topé con esta persona, pensé que estaba sintiendo lo correcto. Pero toda esa historia se desarrolló en privado.

De esta relación también aprendí mucho y cometí muchos errores; me dejé llevar por la emoción del momento, por las maripositas, por la conexión física. Estos detalles son importantes y placenteros, pero no pueden convertirse en el motor de una relación.

El factor común y fatal en mis relaciones pasadas, fueron la prisa y las decisiones apresuradas.

La prisa suele ser una trampa del enemigo para que actuemos sin consultarle a Dios, sin orar y sin meditar en su voluntad. En Proverbios 14:29 encontré que: «El que es impaciente de espíritu enaltece la necedad», ¡ayayai!, no sé tú, pero yo decidí dejar a la necia atrás.

Cada uno de mis intentos fallidos me ha educado y me han enseñado tanto, que hoy en día puedo decir que no existe nada que me cuente una mujer, que yo no pueda entender, así que nada me sorprende. Durante mis charlas como *coach*, y por medio de mi organización Damas de Hierro, utilizo mis historias, sobre todo las sentimentales, para aportar a la sanidad en la vida de muchas mujeres, quienes se identifican y reconocen áreas que deben trabajar.

Esto me confirma que Dios transforma el dolor en bendición, y aunque no me gusta estar hablando mucho de mi pasado, pues quedó atrás, considero que solo es necesario contarlo para tocar un corazón o una vida, porque ahí tiene propósito, de hecho, es lo que estoy haciendo en este libro, cuyo propósito es que te puedas identificar con lo que he vivido y entiendas que hay salida.

Por fin llegó el amor de mi vida

En el 2012 conocí oficialmente a Kenny Rubén Vázquez Félix, mejor conocido como Ken-Y, del dúo de reggaetón Rakim y Ken-Y, quienes tienen una extensa y exitosa carrera musical. Yo conocí a Kenny por ser conductora de televisión, así que coincidí con él en varias ocasiones, pero en una oportunidad concordamos en un lugar en el que pudimos conversar y recuerdo que lo invité a mi fiesta de cumpleaños. Él fue con unas amistades y a partir de ese momento nos hicimos amigos. De esta manera comenzó mi relación con el padre de mi hijo.

Como ambos estábamos en la misma industria, teníamos muchos temas en común, así que compartíamos y salíamos bastante. En medio de esa dinámica entre nosotros, en la que no había nada formal, él tomó la iniciativa de proponerme que tuviéramos una relación de pareja.

Entonces me di una oportunidad de nuevo y en ese año comenzó mi relación con él. Sin embargo, todo ocurrió muy rápido. Nuevamente me dejé llevar más por las emociones que por la razón. Aunque a los dos meses ya nos estábamos dando cuenta de que lo nuestro no iba bien, permanecimos juntos y a los seis meses de relación quedé embarazada. Como dije, todo fue muy rápido.

La llegada de mi hijo, mi Kennito, ¡wow!, fue un evento que marcó mi vida y la cambió de manera radical, pues yo anhelaba ser mamá. A partir de ese momento surgieron nuevas preguntas en mi mente: «soy mamá ¿y ahora qué hago?», «no estoy bien con el papá de mi hijo y tengo que criarlo sola», «*oh my God!*, ahora soy madre soltera», «esto no fue lo que planifiqué ni lo que soñé», «yo vengo de un matrimonio con un papá y una mamá que siempre han estado juntos», «mis hermanos están todos casados y crían a sus hijos en hogares estables». En fin, me sentía muy asustada y dudaba de que pudiera manejarlo, en consecuencia, esto provocaba una gran tristeza en mi corazón, ya que no entendía lo que estaba viviendo.

La llegada de mi hijo, mi Kennito, ¡wow!, fue un evento que marcó mi vida y la cambió de manera radical, pues yo anhelaba ser mamá.

Tenía un conflicto emocional y mental muy grande. No obstante, tuve que sentarme y reconocer que esas eran las consecuencias de mis decisiones y mis acciones. Fui yo la que decidió meterse en esa situación y tenía que enfrentarlo, como una mujer de treinta y cinco años y que era consciente de sus acciones.

La relación con Kenny no era saludable, así que tuvimos que hablar al respecto y terminamos luego de dos años y medio. Para ese momento, Kennito tenía un año y varios meses. Él aceptó que debíamos terminar, aunque no lo tomó de la mejor manera en ese momento, dado que no era lo que él quería. La realidad es que no terminamos bien, a pesar de que el niño ya estaba. El papá de mi hijo y yo estuvimos casi cuatro años inmersos en una lucha, hasta que me mudé a Estados Unidos en diciembre del 2017. A partir de ese momento, empecé a tomar algunas decisiones con él que hicieron que cambiara su comportamiento hacia mí. Ambos tuvimos que ceder y entender que debíamos tragarnos nuestro ego por el bienestar de los tres.

Hoy en día puedo decir que conocí al amor de mi vida el 15 de diciembre del 2013, mi Kennito, el papito lindo de mi corazón, mi más grande tesoro en esta vida. Gracias a Dios, Kenny y yo tenemos una relación de familia excelente y mi hijo también se lleva maravillosamente con su papá, a pesar de que él viaja todos los fines de semana por su carrera musical, además que él vive en Puerto Rico y nosotros en Florida. Pero gracias a Dios, hemos desarrollado una relación supersaludable, ellos hacen videollamadas casi diarias. Papá viaja cada vez que puede, y a veces somos nosotros quienes vamos a la isla para compartir. Incluso, él se casó y asistimos a su boda, *¡yes!*, fuimos porque nuestra relación de familia es tan hermosa que invitó también a mis padres, quienes lo aman mucho y Kenny también a ellos. Su esposa es una mujer muy madura, por eso digo siempre que fue diseñada para él. Kennito y yo la amamos y respetamos, porque compartimos el mismo corazón sano y agradecido.

Para que este tipo de relación saludable exista tenemos que trabajar en sanar nuestro corazón y llenarlo de la presencia de Dios, porque esta es la única manera en la que podemos vivir libre de las angustias y las inseguridades. Un corazón sano no es controlador, vive en paz y fluye en amor. Así somos nosotros para la gloria de Dios.

*Para que este tipo de relación saludable
exista tenemos que trabajar en sanar nuestro
corazón y llenarlo de la presencia de Dios.*

Una de las cosas que aprendí de mi relación con Kenny fue que no todas las personas que llegan a nuestra vida lo hacen para lo que esperamos de acuerdo a nuestras expectativas, sino que aparecen en el camino con un propósito. Nuestra relación fue una decisión que ambos tomamos, cuyas consecuencias tuvimos que enfrentar, pues en realidad no fuimos diseñados para estar juntos. Eso lo entendimos en el camino.

Cuando hablo de propósito, en este caso, me refiero a que si mi hijo no hubiera llegado en ese momento de mi vida, quién sabe dónde estaría hoy. En ese entonces, él fue como un freno, una alerta de que mi vida tenía que cambiar porque ya no estaba sola, sino que tenía un niño por el que debía avanzar. En definitiva, cuando una mujer se convierte en mamá, se transforman los pensamientos y la perspectiva de la vida. Es algo que debería experimentarse, puesto que, a pesar de que muchas tratamos de explicarlo, no se entiende a menos que se viva en carne propia.

Al principio cuando me tocaba compartir los cuidados de Kennito con papá, comenzamos a enfrentarnos a muchos retos, así que tuve que entender que somos personas diferentes, que él tiene su estilo y yo el mío, por ende, debía respetar eso. En realidad, cada uno fue una escuela para el otro, y al final ambos aprendimos a respetarnos. Todo esto lo hicimos pensando siempre primero en el bienestar de nuestro hijo, pues su salud mental y emocional va por encima de todo.

Kenny me enseñó que tenía la capacidad ser una mujer más paciente y tolerante, cosa que yo misma dudaba, ambos aprendimos a escucharnos, en vista de que, aunque no estemos en una relación de pareja, él es el papá de mi hijo y siempre vamos a tener un vínculo familiar entre nosotros. Como resultado, comprendí que debo respetar la visión de las otras personas y que no debo obligar a nadie a ser como quiero que sean ni obsesionarme con controlar todo. He entendido que cuando mi hijo está con su papá no puede hacer las cosas que hace conmigo.

Este aprendizaje puedo aplicarlo ahora en cualquier relación que cultive, sea sentimental o no. Entendí que no puedo imponer mi criterio en la vida de ninguna persona, sino que debo respetar la singularidad de cada ser humano.

Familia

Cuando nuestros hijos están con la otra parte de sus vidas, ya sea mamá, papá y demás familiares, están allá y tienen el derecho de aprender a amarlos, respetarlos y a desarrollarse con esa otra parte de su familia. Es por ello que, como padres, nos toca aceptar y respetar eso. Te recomiendo que sueltes la mala costumbre enfermiza de querer controlarlo todo y que dejes de hablar de forma negativa de su mamá, su papá y su otra familia delante de ellos. Necesitas entender que el peor daño lo sufren tus hijos y que bombardeándolos con tus frustraciones no aportas nada positivo a su vida. En estos casos, lo mejor que puedes hacer es buscar ayuda, y sanar tu corazón y tu mente. Si amas a tus hijos, demuéstralo con tus acciones y no intoxiques su corazón.

Por último, respecto a mi relación con Kenny, puedo decir que estoy muy feliz por él, por su familia y por el vínculo que tiene con nuestro hijo. Esto es algo importante que a los padres se nos olvida y es que cuando papá y mamá están felices, aunque no estén juntos, los hijos van a ser felices. Así que, si papá está bien, mi niño también lo estará. Por eso siento tranquilidad cuando lo dejo con su padre, sé que va a estar en un ambiente en el que existe el amor y la estabilidad. Le doy gracias a Kenny por llegar con el propósito de que recibiéramos a un niño escogido y tan especial como lo es Kenny Efraín Vázquez Droz, nuestro Kennito.

Cada una de mis relaciones sentimentales pasadas me regaló grandes lecciones de vida, me equipó con herramientas para avanzar y me llevó a un camino de sanidad emocional y espiritual, que ha transformado mi manera de vivir y me ha acercado muchísimo a Dios.

Todo comienza desde el ser

En el año 2021, tomé una decisión trascendental, llegué a un punto en el que empecé a cuestionarme qué cosas estaba ignorando y perdiendo de vista, reconocí que algo no andaba bien en mí. Ese fue el punto de partida para que Dios comenzara a trabajar con mi identidad.

Comencé a verme de la manera en la que Dios me ve y a reconocer quién soy en Él. En consecuencia, mi visión de la vida cambió. De esta manera dejé de llenar mis vacíos con cositas, personas y empecé a anhelar lo eterno, lo real. En el camino había descubierto en qué estaba fallando y en lo que debía trabajar en mí y conmigo. Me di cuenta de que en todas esas relaciones, la del problema había sido yo, sí, porque me estaba fallando a mí misma en la toma de mis decisiones, debido a que creía que estaba incompleta. Sin embargo, descubrí que todos estamos completos en Dios.

Por eso tomé la decisión de enfocarme en mí y trabajar en resolver los vacíos en mi interior. Entendí que si no sanaba, iba a continuar cometiendo los mismos errores.

De esta manera me determiné a no buscar a nadie más, sino a esperar en Dios, que Él escogiera por mí, cuando creyera que estaba preparada. Me mentalicé en creer que si no llegaba alguien era porque aún no estaba lista. Mi enfoque se convirtió en mi relación con mi Señor, con quien hablo todos los días, y en caminar hacia mi propósito, adentrándome en él a través de la lectura, escuchando contenido que me edifica, educándome a nivel emocional, aprendiendo cosas nuevas y alejándome de lo que no me acerca a la luz. Gracias a esto, puedo decirte que veo la vida de manera diferente. Ya no salgo corriendo detrás de nadie y mucho menos le abro la puerta de mi vida a cualquiera. Ese momentito de placer ya no me llena y no es lo que anhela mi corazón, ahora solo anhelo lo eterno.

Nos encanta pedir parejas con altos estándares, pero ¿qué tenemos para ofrecerle a la persona que queremos junto a nosotros?

Al mismo tiempo en el que he trabajado conmigo y he reconocido mi identidad en el Padre, que es lo que yo he buscado y encontrado gracias a Él y en su amor; comencé a darme cuenta de que estaba pidiendo cosas para las que no estaba preparada. Yo decía que quería un hombre con determinadas características, como lo hacemos todas. A esto yo le llamo pedir a un hombre lleno de «gloria», pero ahora te pregunto ¿tú estás llena de «gloria»? Nos encanta pedir parejas con altos estándares, pero ¿qué tenemos para ofrecerle a la persona que queremos junto a nosotros?, ¿estamos listos o listas?, ¿estamos sanos(a) o tenemos un montón de conflictos internos sin resolver, o peor, sin reconocer? Yo empecé a preguntarme eso. ¿Lo has hecho tú?

Este es el camino en el que estoy andando en este momento de mi vida. De hecho, hace algún tiempo dije en una entrevista que había tomado la decisión de estar soltera, y de guardarme a nivel sexual y todo el mundo se escandalizó. Eso no significaba que he de estar así durante toda mi vida, lo que no quiero es seguir malgastando mi tiempo y nunca llegar a algo sano ni concreto.

No podemos pretender juntarnos con alguien para ser felices o hacer feliz a la otra persona; debemos trabajar en nosotros y ser personas felices y completas en Dios. Recuerdo que hace poco recibí un mensaje de un hombre a través de mis redes sociales, en el que me decía que todo lo que él veía en mí eran las características de la mujer que él necesitaba en su vida para reconectarse con Dios. Eso no funciona así. Uno no debe esperar a alguien que lo alinee, nos toca hacerlo nosotros mismos de la mano del Padre.

Si tú quieres una relación llena de propósito y de amor, no puedes pretender que alguien llegue a ofrecértelo, debes cultivarlo tú. Ese es un proceso individual y muy personal con nuestro Padre celestial. Debes llegar a esa persona estando sano o sana, no esperar a que alguien te arregle. El único que tiene poder para sanarnos y restaurarnos es Cristo. Es por eso que existen tantos divorcios y tanta locura en cuanto a las relaciones, porque las personas están esperando a que venga el otro a sanarlo, a darle valor y a hacerlo feliz.

Mi recomendación es que te evalúes. No sé en qué estatus está tu vida sentimental y personal, pero si estás leyendo esto no es casualidad. Así que debes revisar qué está pasando en ti, reconocer y responsabilizarte. Camina de la mano de Dios para que Él pueda ayudarte a reconocer tu identidad.

Si no descubres quién eres, no vas a ser feliz con nadie. Mujer y caballero que me lees, si aún no tienes pareja, debes aprender a estar sola o solo y si estás en una relación, también. Ámate. No es fácil, incluso, hay que darse permiso para sentir que no podemos solos, pero esto con el fin de agarrar impulso de la mano de Dios para afirmar que sí vale la pena el esfuerzo.

Es importante que comencemos a ver y a agradecer por lo que tenemos, en lugar de enfocarnos y quejarnos por lo que nos falta. Todo esto comienza desde el ser, es decir, nace cuando empezamos a vernos como Dios nos ve y no como nos ven los demás o nosotros mismos.

Uno de los hábitos que me ayuda a sembrar los pensamientos correctos, ha sido la lectura. De hecho, hay un libro que leí y recomiendo mucho que se llama *Misma, tenemos que hablar: cinco claves para mejorar tú dialogo interno* (2022), de una amiga pastora llamada Dayna Monteagudo. En este, ella habla del diálogo interno que tenemos todas las mujeres y cómo podemos cambiarlo para mejor. También, amo los devocionales y libros de estudios bíblicos porque vas aprendiendo de la Palabra poco a poco.

> *Si tú quieres una relación llena de propósito*
> *y de amor, no puedes pretender que alguien*
> *llegue a ofrecértelo, debes cultivarlo tú.*

Otra clave para mí ha sido cuidar mi entorno y evaluarlo, ver quiénes son nuestros amigos y amigas más cercanos, pues las personas que nos rodean nos jalan para un lado o para el otro, para lo bueno o lo malo. Esto nos permite darnos cuenta de qué personas son las que de verdad nos quieren y desean vernos bien.

Ten presente siempre que la felicidad, la plenitud y la alegría se logran cuando nos amamos y nos reconocemos. Esta es la única manera en la que minimizamos las razones para estar tristes, y entendemos que tenemos la capacidad de alimentar nuestro espíritu y cosechar cosas positivas en nosotros. Haz cosas que te proporcionen felicidad y eso también incluye las relaciones de amistad o sentimentales. Recuerda que la clave eres tú, y que tus decisiones determinarán tu felicidad.

INTROSPECCIÓN, de ti para ti:

1. ¿Has sabido reconocer relaciones tóxicas en tu vida? Si la contestación es sí, ¿buscas ayuda?

   _____

2. ¿Alguna vez has sentido que no sabes estar sola o solo, que te cuesta estar contigo y disfrutarte?

   _____

   _____

3. ¿Podrías mencionar alguna vivencia donde decidiste perdonar? O ¿perdonar te cuesta?

   _____

   _____

4. ¿Qué entiendes que has aprendido de tus procesos y experiencias de vida hasta hoy?

   _____

   _____

Capítulo 4

El rescate de Dios

Tener una vida pública, a veces hace que otras personas piensen que nos conocen, que saben quiénes somos. Sin embargo, no es hasta que abrimos el corazón con honestidad, humildad y vulnerabilidad, que la gente puede reconocer nuestra esencia.

Con lo que te he contado hasta aquí ya conoces un poco de mi vida y de cada proceso que he enfrentado tanto en lo personal como en el ámbito profesional. Como he dicho desde el principio, te he mostrado gran parte de mi historia con el propósito de inspirarte (y ahora que me conoces un poco mejor) hacerte saber que sí podemos superar muchos desafíos que la vida nos presenta, seamos una figura pública o no.

En lo que respecta a la vida real no hay diferencia entre tú y yo, porque así tengamos una vida pública o privada podemos experimentar lo mismo. Como ser humano, yo también tengo un corazón, una mente, un cuerpo y un espíritu. Por ende, al igual que cualquier persona que lea este libro, también necesité de ayuda y apoyo para enfrentar conflictos y, en especial, para sanar todas las secuelas emocionales que dejaron en mí las experiencias vividas.

Detrás de la mujer que ves hoy, hay una historia y una razón que me impulsa cada día a ser quien soy y a continuar transformándome. Esta es la parte de mi vida que quiero mostrarte en este capítulo.

Durante años creí que estaba enfocada, que era una mujer segura, plena y feliz; de igual manera Dios permaneció a mi lado. Yo conocía de Él, pues me consideraba una mujer cristiana que había visitado varias iglesias durante su vida y que tenía temor (respeto) de Dios.

Detrás de la mujer que ves hoy, hay una historia y una razón que me impulsa cada día a ser quien soy y a continuar transformándome.

En efecto, siempre he creído en Dios y reconozco que Él ha estado en cada etapa de mi vida, no obstante, yo no estaba con Él como debía. Quizá te preguntes cuál es la diferencia y es la siguiente: Dios, es un caballero, y espera que seas tú quien escoja dejarlo entrar a tu vida, pero cuando eso sucede, y te comprometes de verdad a caminar en fe, esta determinación debe verse reflejada en tus acciones y decisiones; es en ese aspecto en el que yo estaba fallando.

Por esa razón, en determinado momento de mi vida, toqué fondo en una de las áreas más vulnerables de mi ser: mi vida sentimental. Caí en cuenta de que mi toma de decisiones no estaba clara, que mi vida no estaba en orden, que sentía muchas inseguridades, que en mi corazón no había paz y que tenía muchos vacíos que intentaba llenar de la manera incorrecta. Entonces, permití que Dios viniera a mi rescate.

Yo podría decir que mi vida cambió gracias a que me tomé una pastilla, o que me fui de viaje o recibí unas clases y al día siguiente desperté siendo una mujer diferente. Pero esa no es la realidad. Lo que yo experimenté fue un rescate por parte de Dios.

No importa en qué condiciones te encuentres o a lo que te dediques, nuestro corazón y espíritu son iguales y tienen las mismas necesidades. De modo que podemos atravesar las mismas situaciones y necesitar la misma respuesta, la respuesta es un encuentro con Dios. Por ende, nos toca alimentar nuestra vida espiritual y tener a Dios en nuestro corazón y como centro de nuestra vida. Esa es la verdadera clave del éxito, porque si Dios no está, no es éxito sino suerte. No hay, no ha habido, ni habrá otras opciones, ni caminos para llenar el espacio en nuestro ser que solo le pertenece a Él.

Si Él no me hubiese rescatado, yo no estaría escribiendo este libro, no tendría mis prioridades claras ni el enfoque que tengo hoy de compartir mi testimonio con la intención de aportar a la vida de otras personas, en especial a todas las mujeres que han experimentado las mismas situaciones que yo viví. De hecho, el deseo de hacer esto surgió en la medida que decidí nutrir mi vida espiritual y comencé a reconocer la necesidad tan grande que existe en muchos corazones.

Por supuesto, mi personalidad sigue siendo la misma, pero mi esencia recibió un *upgrade* de parte de Dios, ya que entendí que soy una prioridad, y ahora sí puedo decir que disfruto mi vida. Durante este camino también descubrí que es importante hacer algo significativo por los demás y aportar a la vida de otros. Por ejemplo, yo continúo con mi carrera artística, aunque ahora lo hago con otro enfoque y propósito.

Todo empezó por Facebook

Mi proceso comenzó en marzo del año 2021, de la manera más inesperada, pues a Dios le encanta sorprendernos. En ese entonces, conocí a un muchacho que me hizo un *request* a través de Facebook. Cuando vi a este hombre, me llamó mucho la atención, pues lo estaba viendo desde mis necesidades afectivas y deseos. Como ya sabes, ese era mi talón de Aquiles. Como me había parecido atractivo, me puse a revisar su perfil y me di cuenta de que teníamos amistades en común, así que comenzamos a hablar por el chat.

Cuando empecé a hablar con este hombre, que era físicamente muy atractivo para mí, pude notar que se trataba de una persona muy agradable, amable e inteligente. Así que surgió entre nosotros un «flirteo», como decimos en Puerto Rico, es decir un coqueteo, que es ese trato que tienen dos personas que se gustan. No obstante, de un momento a otro, nuestras conversaciones empezaron a tornarse más espirituales a raíz de que él comenzó a hablarme de Dios.

De esta manera me di cuenta de que él era un hombre cristiano. Entonces me dije: «¡Qué bonito!, porque yo también soy cristiana»; al menos eso es lo que yo pensaba de mí; en ese momento sentía que estaba bien con Dios. De pronto, comenzamos a profundizar en la palabra de Dios.

Cabe señalar que nuestra amistad era a distancia pues él vive en Puerto Rico y yo en Florida. Un tiempo después, nos dimos cuenta de que no nos habíamos conocido para convertirnos en pareja, sino que era propósito de Dios que este muchacho me atrajera, como un anzuelo, para acercarme al Padre celestial. Dios buscó la manera de llamar mi atención de la manera en la que Él sabía que yo iba a mirar. Gracias a Dios, mi amigo lo tenía muy claro, Dios ya le había hecho entender cuál era el propósito de que él llegara a mi vida.

Durante una de nuestras conversaciones me dijo: «¿Sabes qué? Yo he sido confrontado por Dios, me tuve que encerrar en mi cuarto a llorar y a hablar con nuestro Padre. Allí Él me dijo que yo no he venido a tu vida para coquetear contigo o enamorarte. Ese no es el propósito». Recuerdo que en ese momento me quedé en *shock*.

A medida que seguíamos hablando y él continuaba compartiendo la palabra de Dios conmigo, en una de esas conversaciones, me dio una especie de ultimátum, que consistía en un mensaje de parte de Dios muy poderoso que quedó grabado en mí, me dijo: «Siempre van a aparecer muchas oportunidades en nuestra vida, pero existen unas oportunidades que vienen de parte de Dios que son puntuales y tienen un tiempo de caducidad, y cuando se acaba el tiempo de recibirlas, desaparecen». En ese momento comprendí que el mensaje de Dios para mi vida era que ese era mi momento, mi última llamada para tomar la decisión de aceptar y recibir lo que Él tenía preparado para mí.

Esas palabras me pusieron contra la pared y me quebrantaron, porque yo pensaba que estaba bien en cuanto a mi vida espiritual, que donde estaba y lo que hacía era suficiente, sin embargo, cuando hice introspección, caí en cuenta de la situación en la que me encontraba tanto en lo personal, profesional y emocional. En ese momento, pude ver que mi vida parecía la de otra persona, que esa no era yo.

En ese momento comprendí que el mensaje de Dios para mi vida era que ese era mi momento, mi última llamada para tomar la decisión de aceptar y recibir lo que Él tenía preparado para mí.

En otras palabras, me puso a pensar tanto, que pude reconocer que yo me hallaba inmersa en relaciones tóxicas, que no estaba dando el máximo ni esforzándome a nivel profesional, tampoco me estaba preparando ni alimentado mi vida espiritual. Comprender todo esto me hizo experimentar un quebrantamiento muy fuerte, a través del cual pude entender que tenía que hacer un cambio radical en mi vida. Me urgía tomar la decisión ¡y así lo hice!, entonces en el mes de marzo del año 2021 tomé la decisión de permitir que Dios se manifestara en mi vida y así poder caminar hacia mi propósito.

De inmediato, comencé a dar pequeños pasos, pero firmes y radicales, como eliminar a personas de mis redes sociales y bloquear a otras de mi teléfono, dejar de seguir ciertos contenidos; también me alejé de algunas amistades y me volví más selectiva escogiendo las oportunidades de trabajo que me ofrecían.

En ese mismo tiempo surgió en mí un hambre por leer y aprender más para nutrir mi intelecto y mi espíritu. Tenía una necesidad imparable de evolucionar y prepararme. A partir de esa decisión, mi crecimiento en Dios no ha parado y mi relación con Él se ha fortalecido.

En cuanto al muchacho de Facebook, seguimos manteniendo una bonita amistad. Él cumplió su propósito y sigue siendo mi amigo y uno de mis mentores espirituales, y entre los dos existe mucho cariño y respeto.

A pesar de que ya caminaba en esta vida nueva, que ya me estaba congregando y acercándome a Dios cada vez más, unos meses después de este evento tan importante en mi vida, conocí a otro muchacho, y ¿adivinen qué?, dije: «¡Este es! Esto es de Dios». El problema es que yo asumí que era de Dios, sin preguntarle a Dios, dejándome llevar una vez más por mis emociones y no por la revelación del Espíritu Santo, que es quien muestra la verdad; en cambio, nuestras emociones nos pueden confundir y traicionar. Para que vean por qué nunca debemos bajar la guardia, la lucha es diaria.

Lo que yo aún no había entendido era que, cuando caminamos de la mano de nuestro Padre celestial, no podemos tomar decisiones en nuestra propia voluntad, ni dejarnos llevar por nuestros deseos, nuestros impulsos o lo que «nos dice» el corazón, pues la Palabra nos enseña que este es engañoso (Jeremías 17:9) como les expliqué en capítulo anterior. Por eso, cada vez que vamos a dar un paso importante en nuestras vidas, lo primero que debemos hacer es presentarlo ante Dios en oración y decirle que, si esa persona o situación viene con algún propósito de parte de Él, entonces que lo mantenga, de lo contrario, que DESAPAREZCA.

Yo simplemente seguí mi corazón (una vez mááááás), como lo había hecho en tantas ocasiones anteriores, ¿increíble no? ¿Qué sucedió? Me envolví en una relación sentimental con esta persona, que debo aclarar que se presentó como un hombre «cristiano», y lo integré a mi vida de forma instantánea. En consecuencia, comencé a vivir situaciones muy difíciles, aunque yo no entendía el porqué.

Luego comprendí que cuando uno comienza a caminar de la mano con Dios, nos convertimos en blancos seguros de los ataques del enemigo en nuestras almas, quien va a buscar desenfocarnos de cualquier manera porque conoce nuestras debilidades, carencias y por dónde atacar, a través del engaño y de circunstancias cuyo objetivo es confundirnos. Por esa razón, es tan importante que le pidamos al Padre que nos de discernimiento para identificar los banderines rojos en las situaciones que se nos presenten. Te repito ¡no podemos bajar la guardia!

El discernimiento es un don de Dios, una poderosa cualidad que nos permite distinguir lo bueno de lo malo, lo que nos conviene de lo que no. Y eso era precisamente algo que me faltaba, debido a que yo solo me estaba dejando llevar por mis emociones y deseos. Me comporté como la novata que era en esto de caminar con el Padre y quise ignorar (una vez más) los banderines rojos que aparecieron en esa relación.

Estuve en esa relación tóxica y llena de mentiras, durante aproximadamente unos cinco meses, en los cuales trataba de crecer y evolucionar como una mujer cristiana y de fe, pero obviamente no lo lograba porque estaba ciega y no seguía los pasos en el orden de Dios.

Incluso, durante el tiempo que estuve en esa relación fue cuando más perdida me sentí a nivel profesional y personal. En varias ocasiones, me acostaba en mi cama viendo el techo y pensando qué iba a hacer con mi vida, a pesar de tener un montón de posibilidades delante de mí simplemente no las veía, porque estaba ciega ¿alguna vez te has sentido así? La realidad es que me encontraba desenfocada por completo, pues todo giraba en torno a mi relación con esa persona, ¡un horror total!

Estaba tan desorientada a nivel personal y profesional, que me debatía entre si debía seguir buscando oportunidades en la televisión, animando eventos o si continuaba con mi carrera artística o no. No sabía qué hacer ni que rumbo tomar. No estaba haciendo nada para evolucionar económica ni profesionalmente. Me encontraba en un limbo. Cuando recuerdo esa época, no entiendo cómo fue posible que yo llegara hasta ahí y me sintiera de esa manera.

Finalmente, esa relación terminó con un bombazo. Sí, de esos que Dios permite cuando no has hecho caso a las señales que Él te ha enviado, pues de esa manera Él destroza tus planes para que ellos no te destrocen a ti. Salieron muchas cosas a la luz, se descubrieron una serie de mentiras y resultó ser que lo que estaba viviendo no era real, sino un enorme engaño del enemigo. Lo único cierto es que todo era un desastre y esta persona era una falacia con pantalones que se disfrazaba de ovejita y me pintaba todo bonito. Por eso, amado o amada de mi corazón, es tan importante pedirle a Dios que abra nuestros ojos y oídos espirituales. Esto ocurrió a finales del 2021.

Cuando reconocí estas cosas, pude ver que se trataba de un ataque, una trampa en la que había caído. Entendí que Dios en su infinita misericordia había permitido ese bombazo para que yo pudiera salir de esa situación tan horrible en la que me encontraba cegada por mis sentimientos.

A raíz de ese suceso tan doloroso, después de reconocer que no podía seguir llevando mi vida por mi cuenta y que Dios estaba en el asunto, ahí fue donde tomé finalmente la decisión firme y definitiva: confiar en Él y delegar en Él todas mis elecciones. Esto es lo que les comenté anteriormente en el capítulo 3, lo que dije en la entrevista. No quería seguir escogiendo «noviecitos» ni «jevitos». Le dije a Dios que fuera Él quien me dijera si alguien era o no la persona correcta para mí dentro de su propósito.

Esto no quiere decir que Dios se va a parar un día frente a mí y me va a decir: «Buenos días Daniela, ¿cómo estás? Mira, ese que está sentado en aquella esquina es el correcto». No ¡eso no pasa así! Él envía señales que podemos ver, que nos revelan y nos confirman que sí viene de Dios. Esto podemos verlo solo cuando vivimos en el Espíritu, es decir, cuando oramos, estudiamos más su Palabra y buscamos su presencia y dirección. Solo podemos ser guiados cuando caminamos en obediencia delante de Dios. De esta manera, estamos más prestos a escuchar la voz del Padre.

Entonces, a partir de diciembre del 2021, yo comencé a vivir de esta forma, en obediencia, creyéndole a Dios y haciendo lo que Él me diga que haga. Lo primero que hice fue romper con ese patrón de buscar relaciones sentimentales, debido a que ese era mi talón de Aquiles. Todos tenemos un punto débil a través del cual podemos recibir ataques y es un área de nuestra vida que nos urge entregarle a Dios.

En mi caso, el punto débil eran mis relaciones sentimentales. Gracias a Dios, siempre he sido una mujer exitosa en el área profesional, con altas y bajas, pero nunca han faltado las buenas oportunidades en mis proyectos. Sin embargo, en mi vida personal y sentimental he fallado y sufrido mucho escogiendo tanto amistades como pareja.

Es por ello que lo primero que hice fue entregarle eso a Dios. ¿Y qué pasó?, como resultado de esa decisión, se fueron algunas amistades con las que tenía años de relación y de repente dejé de tener pretendientes. Eso fue impactante para mí, me sentía más sola que un pez beta en su pecera. Esto pasó porque cuando uno rinde todo ante Dios, Él empieza a limpiar la casa.

Además, surgió en mí un deseo enorme de aprender, crecer y adquirir herramientas para la vida, y de hacer algo nuevo y diferente. Fue así como Dios me inquietó y decidí estudiar y certificarme en *coaching;* a principios del 2022.

Esa decisión para mí fue tan importante, trajo grandes cambios en mi vida. De hecho, tuve que desarrollar disciplina de estudio, habilidad que no poseía, ya que era una persona poco estructurada. Puse todo eso en manos de Dios y Él me ayudó. Así fue como lo logré y en mayo de ese mismo año me certifiqué como *life coach* o *coach* de vida en español. Lo más impresionante es que apenas terminé esos estudios, comencé otros y también me certifiqué en *coaching* y espiritualidad.

Mi Padre celestial me había rescatado de la confusión, de los vacíos, de mis decisiones desordenadas para posicionarme en un nuevo enfoque y enseñarme a caminar en mi propósito.

En conclusión, el año 2022 fue maravilloso para mí, gracias a que estuvo lleno de crecimiento y evolución. Además, fue una temporada en la que aprendí a estar conmigo misma y con Dios, mi Padre me ayudó a reconocer mi identidad y a verme como Él lo hace. Mi

Padre celestial me había rescatado de la confusión, de los vacíos, de mis decisiones desordenadas para posicionarme en un nuevo enfoque y enseñarme a caminar en mi propósito.

Una vida nueva

Cuando comencé a caminar de la mano del Padre en espíritu y en verdad, comprendí que debía continuar haciendo ciertos cambios en mi vida. Yo sabía esto. Durante toda mi vida, siempre he sido una persona temerosa de Dios, de modo que todo lo que era relacionado a Él y a la espiritualidad me llamaba mucho la atención. Incluso, recuerdo que durante muchos años llegué a visitar distintas congregaciones evangélicas, lo cual me dio una base y un poco de conocimiento sobre los aspectos esenciales de una vida cristiana.

Cuando entendí que debía tomarme esto en serio y que estar conectado con Dios es algo real, me propuse congregarme con regularidad, una cosa que es esencial para todo creyente. No somos llaneros solitarios y por eso es tan importante desarrollarnos en comunidad.

Escoger una iglesia para congregarme fue uno de los primeros pasos que di. También comencé a modificar algunos aspectos cotidianos de mi vida: como cambiar lo que estaba viendo y las cosas que escuchaba en la radio. Dejé de seguir ciertas cuentas en mis redes sociales que se dedican a difundir chismes, tragedias y cosas que no aportaban a mi vida.

Cambié todo eso por música de adoración, la cual siempre me ha encantado, y por personas que comparten contenido edificante. También me propuse comenzar a desarrollar el hábito de la lectura, pues no lo tenía. Es decir, tuve que ser intencional en los hábitos que tenía que modificar.

Para caminar con Dios, requerimos intencionalidad de cambio, porque cuando uno toma una decisión tan importante y radical, el proceso no va a ser fácil. Por ello debes ser determinado y comprometerte contigo mismo. Yo lo entendí, lo apliqué y me di cuenta de que me convenía, que era un beneficio para mí y para mi entorno.

Para caminar con Dios, requerimos intencionalidad de cambio, porque cuando uno toma una decisión tan importante y radical, el proceso no va a ser fácil.

Otro hábito que se incrementó en mí fue el de la oración. Comencé a sacar un tiempo para orar todas las mañanas, dando gracias y acompañando mi tiempo de intimidad con el Padre con devocionales. Todo esto me llevó en un proceso de evolución en el que di un giro de ciento ochenta grados, un cambio radical de dirección y perspectiva.

Puedo decir que hoy en día, sigo muchas cuentas de motivadores, pastores y personas que me infunden fe, esperanza y que nutren mi intelecto; también leo contenido relacionado a la inteligencia emocional.

Suelta la culpa y utiliza tu pasado con propósito
Todo esto me ha dado las herramientas necesarias para enfrentar a uno de los enemigos del crecimiento espiritual: la culpa. Como cualquier persona, yo también me he cuestionado por qué viví de la manera en que lo hice, aunque no me permito quedarme allí. Es normal tener esos pensamientos, pero la palabra de Dios es superclara al decirnos que «Él borró nuestras transgresiones y no se acuerda más de nuestros pecados» (Isaías 43:25). En este sentido, es necesario arrepentirse, para llegar al cambio y no hundirnos en la autocondenación.

Para tener una vida espiritual sana necesitamos perdonarnos a nosotros mismos. Es la única manera de avanzar en el propósito, porque, sinceramente, la culpa no aporta nada a nuestro proceso. No te juzgues, en cambio, reconoce que en aquel momento de tu vida en el que cometiste esos errores no tenías el conocimiento, la sabiduría ni las herramientas que tienes ahora. Así que no te atormentes más con el pasado. El pasado quedó atrás.

En cuanto a esto, la Palabra también nos enseña que Él tomó nuestro pasado y lo arrojó al fondo del mar (Miqueas 7:19). Es decir que, desde el momento en el que nos arrepentimos y decidimos caminar con Dios en la fe, todo lo que quedó atrás se desvanece. Esas personas que éramos ya no existen, somos nuevas criaturas en Cristo (2 Corintios 5:17).

Nuestro pasado debe trabajar a nuestro favor, es decir, que Dios lo utilice solo para hacer cosas extraordinarias en la vida de otras personas. Por ejemplo, yo viví muchas situaciones, como mujer, que ahora comparto con propósito con otras que han experimentado o están pasando por circunstancias semejantes.

Ese es un mensaje de vida que yo puedo dar porque lo viví, y como me dijo mi amiga, la pastora Dayna Monteagudo, en una ocasión:

> Daniela, tu pasado es parte de la bendición de lo que Dios quiere hacer contigo hoy; tú te puedes dirigir a un grupo de mujeres al que yo no puedo, ya que llevo muchísimos años casada. Hay temas en los

que no puedo decir que estuve ahí, pero tú sí, y ellas se van a identificar contigo. Así podrás ayudarlas a sanar un montón de cosas, porque ellas se verán en ti. Entonces usa tu pasado con propósito.

Nuestro pasado debe trabajar a nuestro favor, es decir, que Dios lo utilice solo para hacer cosas extraordinarias en la vida de otras personas.

¡Wow! ¡Aleluya!, cuando escuché esas palabras, me pareció que era una verdad tan grande y poderosa acerca de mí que a partir de ese día hubo un cambio total en mi manera de pensar acerca de mi pasado. Piensa ¿a quiénes puedes ayudar con tu historia? Tu historia es relevante, es importante y puede transformar vidas.

Ahora puedo decir con total seguridad que mi pasado y las decisiones que tomé no me avergüenzan. Admito que me hubiese gustado hacer las cosas de manera diferente, pero eso ya sucedió y lo uso con propósito. Pienso que Dios utilizó ese pasado para que yo pudiera vivir este presente, para ser ejemplo viviente de lo que Él puede hacer en nuestras vidas y ser un instrumento en sus manos para transformar otras vidas con la sabiduría que coseché de todas esas experiencias. Le doy gracias al Señor por eso.

Los pensamientos del pasado tienen que venir a nuestra vida con propósito, no a atormentarnos. Si ese es el caso, significa que no has sanado, así que ¡perdónate! Te aseguro que cuando lo hagas y comiences a verte como Dios te ve, serás libre de la culpa.

Perdonarte a ti mismo hará que surja en ti la disposición y la decisión de perdonar a otras personas con las que quizá piensas que eres incapaz de bregar ya que estás dolido. Cuando sanas, el perdón brota de ti hacia los demás.

Esto no quiere decir que no vamos a recibir ataques de las personas o que no nos van a afectar, a lo que se refiere es que vas a tener herramientas para enfrentarlas. De hecho, me encuentro en una etapa de mi vida en la que escojo mis luchas, batallas y aquello en lo cual poner mi energía y mi tiempo, que es muy valioso.

En los momentos en los que he recibido ofensas, porque yo no soy billete de cien para caerle bien a todo el mundo, lo único que hago es orar por esa persona sin quedarme con asuntos pendientes. No tengo tiempo para engancharme en refutarle algo a una persona, cuando yo conozco mi verdad.

Con base en esto, mi recomendación para ti es que escojas tus batallas. No te desgastes en tener la razón ante el necio. No intentes defenderte con tus propias fuerzas, déjale eso a Dios. Mientras tanto, ora por las personas que te atacan y sigue adelante. De esta manera tendrás sanidad en tu espíritu, mente y cuerpo.

Cuidado con lo que ves y escuchas

Para gozar de una vida plena es importantísimo que el cuerpo, la mente y el espíritu estén alineados y sanos. Así que cuida de estas tres áreas fundamentales del ser.

Como siempre digo en mis charlas presenciales y mis cursos de *coaching online*: no puedes andar con el cuerpo bien, la mente medio chueca y el espíritu en el suelo, sino que debes trabajar en las tres, porque estas van de la mano.

Es por eso que yo valoro tanto a los profesionales que se dedican al cuidado de la salud mental. La mente es valiosa y poderosa, así que, si sientes que algo te perturba a nivel mental, necesitas ayuda y no hay ningún problema en buscarla. También puedes solicitar el acompañamiento de un *coach*. Nosotros no somos médicos ni damos recetas, mucho menos te damos instrucciones. No obstante, sí podemos llevar a las personas de la mano, acompañarlas y recorrer con ellas su proceso, además de provocar momentos de introspección que generen una reflexión y, en consecuencia, un cambio.

Estamos en este mundo, constantemente expuestos a un bombardeo de información y todo tipo de contenido. Por eso necesitamos ir a terapia y buscar ayuda cuando sea necesario, para poder alinear nuestra mente y mantenerla sana.

Una manera de sanar nuestra mente es desintoxicándola de tanta información que no nos aporta. Es por eso que creé un curso digital llamado «Desconecta para conectar», en el que te guío durante veintiún días en un proceso de *detox* digital. Este consiste en actividades diarias simples como pasar veinticuatro horas sin revisar las redes sociales o dejar de seguir cuentas que no suman nada a tu vida.

Otra manera de sanar es vivir en agradecimiento constante, así que diseñé otro curso donde te llevo por «30 días de gratitud sin límites», recordándote diariamente las infinitas razones que tenemos para agradecer.

De la misma manera en la que buscas ayuda para tu mente, debes hacerlo para tu espíritu y el único que puede hacer eso es Dios. Hay un espacio en nuestro corazón que no lo llena nadie sino Él. Solo el Señor puede darnos palabras de vida que cambien nuestra manera de pensar y, por ende, la forma en que vivimos.

Una transformación genuina es el resultado de un cambio de patrones de pensamientos y para ello debemos ser selectivos en cuanto a las cosas con las que alimentamos nuestra alma y nuestro espíritu. Si tú te la pasas todo el día escuchando chismes o música obscena ¡nunca vas a crecer! Esa no es información edificante. Por eso es tan importante que seamos cuidadosos con lo que escuchamos y vemos; todo esto tiene acceso directo al corazón. Si tienes pensamientos extraños, deberías preguntarte qué contenido estás consumiendo.

En cuanto al cuerpo, todos deberíamos hacer el esfuerzo de alimentarnos lo mejor posible, de realizar algún ejercicio, así sea hacer una caminata por la residencia. No podemos ser personas sedentarias, eso también nos enferma. Hacer actividad física es terapéutico, ya que libera una serie de hormonas en nuestro cuerpo que nos ayudan a sanar, sentirnos relajados, dormir mejor, entre otros beneficios que se traducen en bienestar.

Cuando cuidamos de nuestro ser,
integrando la mente, el espíritu, el alma
y el cuerpo, estamos honrando a Dios.

De igual modo, es saludable que salgas y tengas contacto con la naturaleza. No podemos estar todo el día ante una pantalla o inmersos en actividades rutinarias. Necesitamos ver las plantas, las aves, el mar, respirar aire fresco. Esto es algo muy importante que por lo general pasamos por alto.

Cuando cuidamos de nuestro ser, integrando la mente, el espíritu, el alma y el cuerpo, estamos honrando a Dios y somos mayordomos que cuidamos con diligencia el tesoro más preciado que Él nos entregó: la vida.

Saber esperar vale la pena

La mayoría de las personas viven esclavizadas a la gratificación instantánea: amigos digitales, información inmediata, entretenimiento a la mano, entre otras cosas. No obstante, la vida real no es así. Las transformaciones ni los procesos son instantáneos. En cambio, tus decisiones sí lo son.

Tu decisión marca el inicio de todo, aunque el proceso lleva tiempo y los resultados no son instantáneos, sino que debemos trabajar por ellos y ser pacientes. Seamos honestos, todos sabemos que las cosas más valiosas y significativas de la vida toman tiempo y esfuerzo, ¿estamos de acuerdo? Lo que fácil viene, fácil se va. Así que no importa qué tanto tengamos que hacer o esperar, el resultado lo vale.

Es como en el caso de las ostras y las perlas. Estas son tan valiosas que se consideran piedras preciosas, pero ¿sabes en cuánto tiempo se forma una perla? Ellas pueden tardar hasta diez años en alcanzar su forma completa de manera natural, para convertirse en un objeto bello y de gran valor. De la misma manera, tus sueños, resultados, propósito y todo lo bueno en tu vida se tomará el tiempo que sea necesario para alcanzar la plenitud. No podemos compararnos con nadie, porque cada proceso es muy individual.

Por ejemplo, los cambios que yo he cosechado en mi vida espiritual han sido parte de un proceso continuo. Sigo creciendo y aprendiendo todos los días, porque esto es una tarea de constante aprendizaje. Lo que sí puedo asegurar es que no soy la misma mujer que llegó al Señor en el 2021. Ahora tengo una verdadera relación con Dios y me siento como su hija amada.

Procuro alimentar mi espíritu y mi mente todos los días, ya sea sacando tiempo para hablar con mi Padre celestial, leer la Palabra, escuchar contenido edificante, congregarme, participar en actividades con otras mujeres en las que nos abrazamos no solo de manera física, sino también espiritualmente.

De igual manera, soy muy cuidadosa a donde voy; no es que tenga miedo, ese cambio se debe a que Dios me ha dado discernimiento para tomar decisiones sabias y en su voluntad. No soy ni seré perfecta jamás, pero sí me ocupo en hacer todo lo que esté en mis manos para dar un buen ejemplo. En definitiva, mi vida cambió demasiado, pues yo no era así.

Ahora vivo enfocada en el propósito, desconectada de miles de distracciones que se me presentan cada día, para conectarme con la voluntad de Dios para mi vida. Esto es una decisión que debemos cuidar del resto de factores que nos distraen, los cuales pueden venir de nuestros familiares, nuestro trabajo, algunas relaciones o amistades; incluso, de nuestras propias necesidades. Tómate un momento para pensar en qué cosas te pueden estar distrayendo y cómo puedes lidiar con ellas.

Mi recomendación es que se las entregues a Dios y que le permitas sacar lo que se deba ir. Además, si reconoces que ciertas costumbres o relaciones son distracciones en tu vida y no aportan nada a tu propósito, ¡hazlo! Saca eso de tu vida hoy.

Creo que es oportuno aclarar que esto no se trata de rechazar a las personas, sino de saber escoger, ser claros y estar alineados a lo que Dios quiere. Hay muchos individuos que llegan a nuestra vida con un propósito específico y luego se van. En otros casos, nos toca a nosotros ser honestos y decir a los demás que ya no vamos en la misma dirección que ellos, aunque eso implique alejarnos un poquito.

Esto también ocurre en otras áreas, como la profesional. A veces quisiéramos hacerlo todo, pero no se puede. Por ejemplo, me he convertido en una persona muy selectiva con las marcas para las que trabajo, no puedo promocionar algo que vaya en contra de mis principios y valores, por el simple hecho de que me están pagando, ¡nada que ver! Debo buscar cosas que sean acordes a lo que soy.

La clave para hacer esto es el discernimiento, saber escoger lo que me aporta y lo que no. Esto es una capacidad que solo viene de Dios y que se obtiene a través de la oración (tiempo en el que conversas con Él) y de meditar en su Palabra.

Tú puedes orar y decirle: «Padre amado, yo no sé qué hacer. No sé si esto viene de parte de ti o no, pero te ruego que me guíes». Cuando haces esto, las puertas que se deben abrir, se abren y las que no, se cierran; así cada cosa va cayendo en su lugar.

Caminar con Dios es impresionante y espectacular, aunque al principio pueda parecer difícil, puesto que vamos en contra de la corriente de lo que éramos y de lo que el mundo nos ofrece. Aun así, la bendición que viene como resultado de la obediencia es algo sobrenatural.

Es por eso que, a pesar de las situaciones que se me puedan presentar, como a cualquier persona, me siento una mujer feliz y plena, hoy tengo herramientas poderosas para manejar las adversidades de la vida. Antes me desesperaba muy fácilmente y estaba desorientada, sin embargo, hoy reconozco que Dios está en control y que todo, absolutamente todo, tiene el potencial de trabajar a favor de mi propósito.

Uno de los elementos que ha tenido un papel importante en mi crecimiento espiritual y en mi relación con Dios, sin duda ha sido la fe. De acuerdo a la Biblia, la fe es la certeza de lo que se espera y la convicción de lo que no se ve (Hebreos 11:1). Además, sin fe es imposible agradar a Dios. Antes yo decía mucho esta frase de la boca para afuera, ahora la expreso con todo mi corazón gracias a que lo veo cada día de mi vida.

La fe es confiar en que Dios está en el asunto y que todo obra para bien, sin importar la magnitud de la circunstancias o que no estemos viendo lo que anhelamos ver. La fe es esperar en Dios y descansar en su tiempo perfecto. Por eso, para mí el fundamento de la felicidad no se trata de tener el control de saber quién soy, dónde estoy, ni cuál es mi situación, sino saber y reconocer que el Señor está en el asunto. Cuando desarrollas este nivel de confianza, tu fe está sólida y es inquebrantable. Esto es el resultado de comprender que nada depende de nosotros, sino de Dios.

Recuerdo que hace algún tiempo, mi amiga amada y una de mis mentoras espirituales, Merari Peña y su esposo Pedro, a quien también aprecio muchísimo, me dijeron que yo no tenía por qué preocuparme tanto a la hora de hacer una presentación o un trabajo. No sé si te pasa, pero por lo general, cuando yo terminaba una presentación me quedaba preocupada pensando si me había quedado bien o no, no obstante, ahora entiendo que ya ni eso depende de mí, sino de Dios y de lo que Él necesite que yo dé o siembre en ese lugar, del resto se encarga Él.

Hoy quiero compartirlo contigo: no te preocupes tanto, enfócate en hacer lo que Dios te ha enviado a hacer, que Él se hará cargo de lo demás. Ya no se trata de lo mucho que sepas o lo bien que lo hagas, sino del propósito para el cual el Padre te rescató.

Esto no quiere decir que la fe sea una excusa para la negligencia o la mediocridad, ¡jamás! Ahora más que nunca todo debe ser hecho en excelencia. Usted tiene que hacer lo que le corresponda. Yo me preparo con amor y excelencia para cada presentación, aunque la diferencia es que mi confianza está enfocada a un objetivo diferente: el propósito de Dios. Ya no me afano por cosas por las que antes me preocupaba mucho, sino que suelto mi carga en Él. Ya entendí que no se trata de mí, sino de lo que Él quiere hacer a través de mí.

Este libro es una excusa para darte a conocer lo que el Padre ha hecho con mi historia. Mi vida ha sido una muestra de cómo su favor y su gracia nos acompañan aun cuando no estamos alineados con Él. Lo más bonito de ese incansable amor del Padre es que no es solo para ciertas personas, su amor es para cualquiera que quiera dar ese maravilloso paso de fe.

Si tú tienes este libro en tus manos, si Dios ha tocado tu corazón a través de las palabras aquí plasmadas, entonces tú estás siendo atraído por Él para que conozcas de primera mano las cosas que puede hacer en tu propia historia. Esta es una herramienta que te está ayudando a acercarte más a Él. Este libro es, en cierto modo, ese amigo de Facebook que te está guiando hacia Dios, como sucedió conmigo. Por eso, quiero felicitarte, ya estás dando un paso de fe y estás creyendo que esta lectura va a nutrir tu vida de alguna manera.

El simple hecho de haberte dado la oportunidad de leer algo nuevo para nutrir tu alma es un comienzo extraordinario, ¡así es como inician los grandes cambios! Quizá sea difícil dar los primeros pasos, no obstante, cuando ya lo haces todo lo demás fluye.

Si sientes el deseo de empezar a vivir de una manera diferente y de la mano del Padre, pero no sabes por dónde comenzar; incluso, si te sientes indigno o crees que necesitas estar puro para caminar con Él, déjame decirte una cosa: tú tienes que llegar como estás y del resto se encarga Dios.

Ya diste el primer paso: buscar. Ahora solo debes ir a Él sea como sea que estés, tal cual eres y deja que Dios se encargue. Mientras te mantengas caminando, profundizando en su verdad y obedeciéndole, todo va a caer en su sitio.

Por supuesto, obedecer no es fácil, solo que cuando comprendemos que todo tiene un orden necesario para recibir la bendición, nos atrevemos a accionar conforme a ese entendimiento. Eso es obediencia. En la medida que hagas esto, las situaciones que te aquejan se irán minimizando, hasta que ya no tengan espacio en tu vida. Por ejemplo, hay un montón de cosas que ya yo no hago, no porque alguien me dijera que dejara de hacerlas, sino porque en mi caminar diario con Dios se han ido desvaneciendo de mi mente, mis intenciones, mi carácter y de mi personalidad.

No se trata de proponerse a hacer unas cosas o dejar de hacer otras, debido a que a veces nos quedamos estancados evaluando nuestras acciones. En realidad, son el caminar, tu proceso, desarrollo y crecimiento espiritual los que te dan esa fortaleza para soltar todo lo que no necesitas para avanzar. De esta manera sanamos y cambiamos sin darnos cuenta. Es parte natural del proceso.

Si tu deseo es dejar algún vicio, no esperes a dejarlo para entonces ir a Dios ¡acércate y deja que Él se encargue! Te aseguro que te guiará con amor en el camino y cuando menos te lo esperes vas a ser libre de lo que sea que quieras dejar, solo debes dar el primer paso.

Hoy en día, puedo decir que hay un montón de cosas que han cambiado en mi vida, y que ya ni las intento, debido a que no me nacen. Además, soy consciente de que dar pasos hacia atrás no me conviene, y es absurdo después de todo lo que he superado, tampoco suma a mi crecimiento. Entonces ¿para qué hacerlo?

Todo esto ha sido la gracia de Dios, no mi fuerza de voluntad o carácter, estos cambios surgieron a raíz de mi relación con Él, no al revés.

Mi responsabilidad como cristiana no es decirte cuáles cosas estás haciendo bien o mal, sino amarte, abrazarte y alentarte con mi testimonio para fortalecer tu fe, para que sigas creyendo que Dios también va a hacer algo extraordinario en tu vida.

Con mi testimonio, he querido mostrarte que Dios es real, que sí es posible ser transformados por Él, que no importa cuál sea tu situación o condición, Él te ama y quiere que vivas en su propósito. Si lo hizo conmigo y con millones de personas, también lo hará contigo. Sin embargo, la decisión de tomar o no la oportunidad de acercarte a Él, es tuya.

Mi responsabilidad como cristiana no es decirte cuáles cosas estás haciendo bien o mal, sino amarte, abrazarte y alentarte con mi testimonio.

Si en este momento de tu vida sientes un vacío en tu corazón, y por más que buscas saciarte, nada te llena, entonces te falta Dios. Él es la pieza clave, el único que puede llenar y traer orden, amor, paz, gozo, plenitud, esperanza, fortaleza y bendición.

Deja de pelear con tus fuerzas y abre tu corazón a Dios; permite que Él pelee por ti; mientras tú hagas tu parte cada día (orar, estudiar su Palabra, obedecer), Él hará la suya. Eso te lo aseguro.

INTROSPECCIÓN, de ti para ti:

1. Te invito a que recuerdes alguna etapa de tu vida en donde planificaste todo tal cual tú lo querías, pero o no se dio o todo se desvaneció. Piensa en donde estás hoy, ¿será que hoy sí puedes entender por qué no sucedió? Hoy declaramos que se cumplen los planes de Dios para tu vida, hoy renuncias a tu plan y aceptas el plan que nuestro Señor ha diseñado para ti. Cuéntale a Dios lo que sientes:

_____

_____

_____

_____

_____

_____

_____

2. Te invito a que medites en tu pasado en eso que no te agrada recordar, te pesa o te duele, suéltalo hoy en las manos de Dios y pídele a nuestro Padre celestial que lo utilice con propósito en tu vida, desde hoy tu pasado Dios lo convierte en propósito de bendición. Cuéntale a Dios lo que sientes:

_____

_____

_____

_____

_____

_____

_____

_____

Ahora, hablemos de la comunicación...

Capítulo 5

La comunicación es VIDA

Como ya saben, durante muchísimos años me he dedicado a trabajar en el medio artístico y he estado inmersa en el mundo de las comunicaciones, así que para mí, la comunicación es la vida. No se trata solamente de un proceso de intercambio de información, sino de una conexión real entre las personas y de la cual dependen todas nuestras relaciones.

Sin una buena comunicación no se da ni un paso, por eso considero que es de suma importancia. No se trata solo de expresarnos, también hay que cuidar la manera como lo hacemos, puesto que eso fue lo que mis padres me enseñaron. Ellos me inculcaron valores y respeto hacia las demás personas, lo cual agradezco infinitamente.

No obstante, pienso que, como nos pasa a todos, sin querer me volví un poco egoísta en algunas áreas de mi vida, descuidando la esencia de la comunicación, en lugar de establecer vínculos saludables con los demás. Aprendí a comunicar, pero no a comunicarme.

Antes yo veía la comunicación solo como parte de mi trabajo y no lo llevaba a mi vida diaria. Sin embargo, hoy lo veo y defino como una pieza vital para uno poder ser simplemente feliz.

En este sentido, la felicidad está en que las cosas fluyan, en que no tengamos que presionarlas o estar tapando huequitos; pues cuando no nos comunicamos efectivamente, nos toca remendar y arreglar muchas cosas que surgen en el camino, con tal de no perder amistades o no tener conflictos familiares, entre otras cosas.

Gracias a Dios, nunca es tarde para desaprender y aprender. Ahora mi definición de comunicación ha cambiado desde ese entonces, ya no lo veo solo como trabajo, sino como un hilo conductor de nuestras vidas.

Honestamente, antes no le daba la importancia que le doy ahora. Hoy en día me parece imprescindible cuidar la manera en la que me expreso, cómo escucho y disfruto lo que otra persona me está expresando. Es decir, hago un esfuerzo para que los demás sientan que sí me importa lo que me están transmitiendo. También he aprendido a callar o, mejor dicho, a valorar los silencios. De hecho, descubrí que estos son muy necesarios.

He comprendido que para lograr una buena comunicación es esencial mirar a las personas a los ojos, sentir que te comprenden y tener cuidado con lo que decimos, así como la capacidad de aceptar que no siempre debemos tener la razón, algo que nos encanta como seres humanos. A veces es mejor quedarse calladitos y pensar antes de hablar, que decir algo solo por querer que los demás sepan que uno piensa así y ya.

He comprendido que para lograr una
buena comunicación es esencial mirar a las
personas a los ojos, sentir que te comprenden
y tener cuidado con lo que decimos...

En estos tiempos es tan necesario comprender y practicar la verdadera comunicación tal como es en esencia, porque cada día estamos más «conectados», aunque menos cerca. Esto se debe a que nos hemos refugiado en unos aparatitos que se adueñaron de nuestra mente. Ya ni siquiera nos miramos a la cara cuando hablamos. Es como si quisiéramos evitar algo que antes no podíamos evadir.

Yo vengo de la vieja guardia, la vieja escuela, de cuando no había celulares, y en aquel entonces nos veíamos en la obligación de tener algún tipo de contacto visual, verbal o no verbal, y estábamos allí, presentes (lo que se conoce como *mindfulness*).

Lamentablemente, estos aparatitos se han convertido en la excusa para no estar presentes, para evitar o esquivar aquellos cambios que son necesarios para comunicarnos de verdad. Por ejemplo, supongamos que me da miedo expresarme porque hay situaciones o traumas que no he superado. Entonces me meto en la pantalla, en lugar de buscar cómo trabajar esos «issues» para superar esos miedos. Incluso, hay quienes prefieren enviar un texto, en lugar de hacer la llamada o provocar un encuentro presencial para dar la cara, y eso no es sano.

Esta es una situación muy triste, en tanto que no respetamos ni valoramos lo que el otro nos dice o siente. Esto lo he visto mucho, en especial de personas jóvenes hacia adultos mayores, a quienes dejan con la palabra en la boca.

Nos escondemos mucho en el teléfono, el iPad o la *tablet*, y evadimos trabajar en aquellas cosas que debemos atender para transformar nuestra manera de comunicarnos con las personas que nos rodean.

Vemos cómo pueden estar dos personas sentadas en la misma mesa sin siquiera hacer contacto visual. Es como si les diera miedo verse o hablarse. Si no nos escondiéramos tanto en los teléfonos, podríamos trabajar en resolver esos miedos y situaciones de manera que lograríamos enfrentar la mirada de los demás, aunque para algunos sea difícil. Tenemos que hacer ese esfuerzo para considerar al otro y darle valor a lo que nos está expresando, demostrarle que nos importa y responderle. De lo contrario, no podemos pretender exigir lo que no damos.

He aprendido a respetar y valorar la compañía de la persona que está a mi lado. Considero un gesto muy feo eso de estar mirando el teléfono cuando estamos junto a alguien más. Por ejemplo, si algún amigo o familiar va manejando y yo que estoy de pasajero lo ignoro por quedarme pegada al teléfono. Eso me parece tan de mal gusto, aunque sea un úber. Si voy sola con alguien, al menos por respeto le hablo. Es mejor que valoremos ese momento y estemos presente con esa persona.

A mi hijo, que tiene diez años, le recalco todo el tiempo que cuando lleguemos a un lugar deje el iPad o lo que esté haciendo por un momento y mire a los ojos de los demás, que salude, y él lo hace porque me he encargado de que cree esa consciencia. Hoy día, es triste ver que a muchos padres como que se les olvida inculcarles a sus hijos lo necesario e importante de respetar la compañía y presencia de los demás. Es como si lo tomaran en poco, pues uno los saluda y el niño, la niña o el joven muchas veces ni te miran.

Hace un tiempito atrás

Cuando yo era una niña, todavía uno se comunicaba de forma más personal y directa, se provocaban los temas de conversación, incluso uno pasaba mucho más tiempo con la familia. Me crie en un círculo pequeño, compuesto por mi papá, mi mamá, mi hermana y yo, así que estábamos siempre juntos: comíamos, veíamos televisión y compartíamos TODO, siempre juntos, por lo general en el cuarto de mis padres.

Lograr una dinámica familiar así hoy en día es un esfuerzo gigante, una lucha, porque dentro de una misma casa se mensajean para decirse algo tan sencillo como «ven a comer».

Durante mi infancia y adolescencia, hasta en la universidad, se fluía diferente. No solo en la manera en la que nos comunicábamos los unos con los otros, sino en todo lo que implicaba la comunicación a nivel de los medios.

Cuando comencé a tomar la comunicación como mi carrera profesional, todo era distinto. Ser un comunicador profesional era un fruto del esfuerzo, los estudios, la preparación y la práctica. De hecho, yo le tenía un respeto muy, muy grande, a quienes trabajan en estos medios.

Sin embargo, con toda esta invasión de las redes sociales, ahora es muy fácil llegar a muchas personas. Antes, teníamos que hacer un trabajo mayor para hacernos notar o para que la gente nos prestara atención, ya que los canales eran diferentes. Hoy en día, con una cuenta de Instagram, Facebook o TikTok cualquiera puede llegar a todas partes y montar su propio *show*.

Esto tiene su lado positivo y otro negativo. Yo siento que con este auge de los *influencers* y las redes sociales se le ha restado el respeto debido a estas profesiones y a toda la preparación que conlleva.

Actualmente, cualquiera se autodenomina «conductor», «host», «locutor» o «animador», solo porque tiene un *show* en YouTube o porque tiene un pódcast. Con esto no quiero desestimar estos medios, al contrario, son nuevos espacios que impulsan las comunicaciones y que la mayoría de nosotros utiliza, y bravo por eso, pero no podemos olvidar lo que vino antes, ni restarle respeto a la preparación que se requiere para poder ejercerlo.

Sin duda hay muchas personas talentosas y creativas haciendo cosas maravillosas que tal vez no lo habrían logrado hace veinte años atrás, pero ahora, con la facilidad tecnológica, sí lo han conseguido. Sin embargo, otras no respetan la esencia de ser un comunicador y hacen que se tome en poco el valor de los años que le toma a una persona para convertirse en un buen comunicador.

Durante mis primeros años de carrera, yo sentía, y continúo sintiendo, que esta es una profesión con tanto peso y envergadura que profeso un respeto indescriptible por mis maestros y colegas, quienes durante años han ejercido la profesión, incluso por los que se están formando.

> *...el problema no son estos medios,*
> *sino que no le demos el uso y el respeto correcto.*

No obstante, sí es importante reconocer que existe un lado maravilloso en este auge de las redes sociales y es que existen personas que están desarrollando proyectos fantásticos en estas plataformas. Así que el problema no son estos medios, sino que no le demos el uso y el respeto correcto. Los cambios son necesarios, siempre que nos impulsen a transformarnos en mejores seres humanos en todos los aspectos de nuestra vida.

Introspección

En definitiva, los cambios ocurren poco a poco y siempre dependen de varios factores. De la misma forma en la que se han dado transformaciones en la manera de comunicarnos a gran escala, con el objetivo de mejorar la experiencia de conectarnos los unos con los otros, nosotros debemos emprender procesos de transformación si queremos tener una comunicación personal efectiva y saludable.

En mi caso, el cambio se dio gracias a muchos acontecimientos en mi vida, que tanto en mi trabajo, como a nivel personal, me llevaron a buscar cuál era ese elemento que propiciaba situaciones en las que no me daba a entender, ni yo entendía a la gente o me molestaba. Incluso, esto afectó la oportunidad de trabajar en algunos proyectos.

Para comunicarme de forma efectiva, primero debo tener una comunicación asertiva y respetuosa. El problema es que yo era del tipo de persona que, como decimos en Puerto Rico, «tiraba de la baqueta» y ya. Esto quiere decir que soltaba mi opinión como una bomba y la dejaba caer sin importarme nada. Era una mujer bastante impulsiva, aunque nunca fui grosera.

Esta actitud me llevó a enfrentar varias situaciones tanto en mi carrera como afuera, que me preocupaban; ese problema se estaba reflejando en todas las áreas. Tuve que detenerme e indagar qué estaba pasándome, ¿qué tenía que reconocer? Necesitaba hacer algo para poder tener paz y fluir mejor en mi desarrollo personal y sobre todo en la crianza de mi hijo.

Comprendí que me estaban pasando muchas situaciones que pude haberme evitado y eso detonó mi búsqueda por lograr el desarrollo de mi inteligencia emocional. También comencé a alimentar más mi espiritualidad, lo cual hizo que comenzara a ver a las personas de manera diferente, que fuera más compasiva y me pusiera en el lugar de los demás.

Ya no podía cambiar el pasado,
lo que pasó, pasó; solo me quedaba
usar todo eso como experiencias y aprendizaje.

De igual manera, me he dedicado a trabajar en el manejo de mis emociones en distintas áreas de mi vida, ya que, lamentablemente, estas habían controlado mi vida entera.

Gracias a estas herramientas, comencé a descubrir qué era lo que no estaba fluyendo de la manera correcta. Ya no podía cambiar el pasado, lo que pasó, pasó; solo me quedaba usar todo eso como experiencias y aprendizaje. Estas fueron las situaciones que me impulsaron a trabajar en mí para formar mi mejor versión.

Lo que me inspiró a dar este cambio, además de mi hijo, fue mi proceso de búsqueda espiritual. Yo siempre he sido una mujer creyente, pero desde que decidí caminar agarrada del Padre, pude reconocer qué cositas debía modificar. Obviamente, mi cambio no ha sido algo que ha ocurrido de la noche a la mañana, he tenido que trabajarlo y, durante ese proceso, Dios me ha mostrado cuáles son esas cosas que necesitaba transformar.

A veces nos desesperamos y pensamos «ay Dios mío, ¿por dónde empiezo?», pero uno tiene que llegar a Dios tal como está, porque este es un caminar del día a día. Un día a la vez. Por eso te hablo de mi proceso, porque no fue que un día me desperté y comencé a ser asertiva, considerada o compasiva. Repito, fue un proceso que decidí empezar conmigo misma.

Tuve que comenzar por ser compasiva conmigo y darme ese tiempo. Tenía que aprender a tener una buena comunicación interna, abrir el corazón y reconocer que había cosas que debía trabajar en mí como mujer y como mamá, ya que también cometí muchos errores con mi hijo, que pude haber evitado.

En resumen, fue ese encuentro espiritual lo que me inspiró a trabajar con mi comunicación asertiva y efectiva. Como resultado, decidí certificarme como *coach* de vida y estudiar después de tantos años sin hacerlo. Ahí fue que logré mi certificación con especialidad en resiliencia y mi segunda certificación en *coaching* y espiritualidad. Sentía que necesitaba adquirir nuevas herramientas y sin duda me han dado un aporte increíble, me ha ayudado a ver la vida diferente.

Puedo decir que ambos procesos han sido la combinación perfecta: mi relación con el Padre y trabajar con el manejo de mis emociones, junto al desarrollo de mi inteligencia emocional y mi resiliencia. Esto es lo que quiero compartir contigo.

La espiritualidad va de la mano
con el amor propio:
cuando comienzas a verte como Dios te ve,
empiezas a amarte más.

No se trata de decirte qué cambios debes realizar, jamás. Sería incapaz de imponer algo, lo que quiero es enseñarte lo que a mí me funcionó. Así que, si te está pasando lo mismo que a mí y sientes que algo no está andando como debería, entonces puedes intentarlo y aplicarlo.

La espiritualidad va de la mano con el amor propio: cuando comienzas a verte como Dios te ve, empiezas a amarte más. Él no nos ve con los miles de defectos que nos atribuimos y que muchas veces nos inventamos, Él nos ve con amor y misericordia.

Cuando nos vemos a través del amor de Dios, comenzamos a amarnos de verdad, nos damos cariño y somos compasivos con nosotros mismos. Este sentimiento nos anima y motiva a continuar nuestro proceso; como siempre digo y repito una y otra vez: «Un día a la vez. ¿Seguimos? Sí, ¿paramos? No». Como ya te había mencionado, se trata de dar pequeños pasos pero FIRMES...

Vamos caminando paso a paso. No hay por qué tener prisa ni saltar procesos, no siempre tenemos que dar pasos agigantados, aunque sean pequeños pasos pero diarios, constantes, sin detenernos para que así todos los días hayamos avanzado algo, hasta sumar cambios cotidianos que desemboquen en una transformación total de nuestra manera de comunicarnos. De este modo, podremos desarrollar en nosotros una comunicación asertiva.

La comunicación asertiva

Yo con este libro no vengo a establecer definiciones, ni a hacer un método, ni nada de eso. Solo quiero compartir mi experiencia personal en cuanto a cómo pude comunicarme de manera más efectiva a través de la asertividad y el respeto, y de qué manera esto puede producir resultados maravillosos en nuestra vida y nuestras relaciones.

Si buscamos la definición de comunicación asertiva, nos encontraremos con que esta consiste en relacionarnos con una actitud positiva, auténtica y evitando los reproches, las descalificaciones y los enfrentamientos innecesarios. Es decir, que nos comuniquemos con respeto, claridad y honestidad.

Yo lo interpreto como el hecho de hacerme entender o expresarme de manera adecuada, considerando que mi punto de vista debe ser comunicado de manera respetuosa, pensando lo que diré antes de hablar. Así he podido lograr una comunicación efectiva.

Para mí, esto es sumamente importante porque de ahí parte el hecho de tener cuidado al expresarnos, que es lo que a veces se nos escapa en medio de nuestras vidas tan aceleradas. Todo el tiempo estamos corriendo tan rápido que se nos pasan cosas esenciales como pensar en el otro y ponernos en su lugar.

Creo que es de suma importancia que trabajemos en estos aspectos y reconozcamos que no se trata de convertirnos en otro ser humano, sino en seguir siendo nosotros, al mismo tiempo que modificamos esas cositas que nos limitan. De esta manera, tendremos éxito en cualquier área de nuestra vida, ya sean proyectos, negocios, vida personal con familia, amigos, en pareja o en el diario vivir. Eso pasa cuando reconocemos que podemos ser mejores, evolucionar y transformarnos.

La comunicación asertiva te permite expresar y comunicar tus ideas, necesidades u opiniones de forma respetuosa y adecuada, con honestidad, en confianza y equilibrio.

Gracias a este proceso de evaluación interna y transformación, puedo decir que me siento una mujer renovada y transformada que continúa enfocada en su proceso, pero siempre con la misma personalidad, la misma alegría y espontaneidad que la gente ya conoce, ahora en una versión mejorada.

La comunicación asertiva te permite expresar y comunicar tus ideas, necesidades u opiniones de forma respetuosa y adecuada, con honestidad, en confianza y equilibrio. Es tener ese cuidado y ser conscientes de lo que decimos y cómo lo hacemos. Se basa en el respeto a uno mismo y a los demás. Ciertamente, nunca vamos a ser perfectos, pero no se trata de eso, porque no es real. Lo que estamos buscando es respeto a la hora de expresarnos.

¿Podemos fallar? Por supuesto, lo importante es reconocer nuestras fallas en el proceso, claro, siempre será mejor que podamos vivir sin necesidad de andar disculpándonos por cada palabra o comentario fuera de lugar. Yo creo que eso es mejor.

Lo que no es negociable es que, sin asertividad, la comunicación no puede ser efectiva. Estas van de la mano. Sucede que a veces la gente no conoce la una o la otra ni saben que trabajan en conjunto. Es por ello que necesitamos leer más, educarnos, buscar y trabajar en nosotros.

Debemos ser congruentes en nuestras acciones, ¿cuántas personas vemos que no son congruentes y que proyectan una doble imagen? Por ejemplo, cuando vemos a alguien que es maravilloso en sus negocios o proyectos, mientras que en su casa es un desastre. También está el caso contrario cuando vemos a alguien que en su hogar es espectacular, aunque en sus proyectos es hostil con sus empleados o sus compañeros de trabajo. Así que te diré algo que yo he llegado a entender, y es que tenemos que ser coherentes en la vida para poder tener éxito.

En este sentido, tener éxito no se trata solamente de tener dinero o una compañía multimillonaria, sino convertirte en una persona que inspire y dé respeto. Lograr esto es para mí la verdadera definición del éxito.

La paz y la comunicación asertiva

Cuando nos comunicamos de forma asertiva, podemos cosechar beneficios extraordinarios que mejoran nuestra manera de vivir y nuestras relaciones. Uno de ellos es que podemos tener una vida con más paz, porque ser claros, honestos y respetuosos al expresarnos nos hace vivir más tranquilos.

También implica que disfrutemos de una vida con mayor claridad sin hacernos tantas películas en la mente. Esto suele suceder cuando no somos honestos a la hora de hablar, entonces nos preocupamos de más. Pero la comunicación asertiva nos ayuda a vivir más tranquilos y a tener confianza y respeto hacia nosotros mismos. En otras palabras, nos permite fluir mejor. Ahora bien, cuando hablo de paz me refiero a estar tranquilos con nuestra conciencia, pues sabemos que hemos sido claros y respetuosos, pero no podemos controlar cómo la otra parte lo recibe. Debemos entender que siempre existirá quien no lo interprete de la manera en la que quisimos llevar el mensaje, y eso no lo podemos controlar; sencillamente se respeta y seguimos.

Por supuesto, lograr tener una comunicación asertiva no es algo que se logra de la noche a la mañana.

Uno de los primeros pasos que tuve que dar en este proceso fue trabajar en el silencio para aprender a escuchar mejor. Yo no era una buena oyente y eso tuve que corregirlo.

El éxito de una buena conversación depende de saber escuchar. Cuando lo hacemos, ¿qué estamos demostrando?, estamos evidenciando respeto, que nos importa lo que la otra persona nos está diciendo.

Así que puedo decir que, en definitiva, un paso clave en mi vida fue convertirme en una buena oyente y poner en práctica mi capacidad de escucha activa. En cuanto a esto, los silencios son importantes, pues las pausas son las que te permiten internalizar y meditar en lo que la otra persona te está diciendo, para responder de forma asertiva.

> *El éxito de una buena conversación*
> *depende de saber escuchar.*

El problema muchas veces es que, como queremos tener la razón o decir algo porque sí, nos adelantamos a lo que nuestro interlocutor está diciendo. Escuchar mejor nos hace ser más respetuosos.

La honestidad es clave para una comunicación asertiva. Eso sí, con esto no me refiero a esa actitud de las personas que dicen que no tienen pelos en la lengua y son ofensivos con los demás, para nada. No siempre es necesario decir todo lo que llega a nuestra mente.

Cuando eres una persona impulsiva y tiras de la baqueta, sin darte cuenta, tu supuesta verdad termina haciéndole daño a los demás. Si entendiéramos que nos hacemos más daño a nosotros que a las otras personas, modificaríamos esa manera de expresarnos.

El hecho de que tú seas una persona que quiere imponer sus ideas y no tienes cuidado ni respeto (que no escuches y tampoco dejes a la otra persona hablar) hace que las personas se alejen de tu vida.

Honestidad es ser claro y sincero con lo que decimos, es darnos a entender. Así que tampoco necesitamos decorar tanto ni usar palabras tan complejas. Hay un momento para todo, como una conferencia, ahí te puedes botar, es decir, lucir con tu vocabulario. En cambio, a diario debemos utilizar términos que los demás puedan entender.

A veces nos queremos hacer ver como personas que nos expresamos mejor y terminamos haciendo sentir mal al otro, porque no entendió lo que dijimos y no se atrevió ni a preguntar qué significa lo que dijiste por pena. De este modo, no estás cuidando tu comunicación. En resumen, la comunicación asertiva, y por ende exitosa, se logra cuando sencillamente escuchamos, internalizamos y nos expresamos con respeto, honestidad y claridad.

La experiencia de tener una comunicación asertiva ha sido bella. El día que yo comencé a hacer buen uso de cada una de estas herramientas, tanto en las conversaciones más cotidianas, como en las que estaban relacionadas a mis negocios, fue muy bonito ver cuánta confianza se puede generar en las otras personas.

Cuando activamos la escucha, el respeto, la honestidad y la claridad se abre la puerta de la confianza en nuestras relaciones, generando que la otra parte se sienta cómoda o cómodo y exprese sus ideas con libertad. Como resultado, se inicia una retroalimentación muy hermosa. Para mí ha sido maravilloso, puesto que me ha permitido mejorar incluso la comunicación con mi hijo, de solo diez años.

Poner en práctica esto en todas las áreas de mi vida, me ha hecho crecer como ser humano, me ha ayudado a evolucionar como mujer. Es muy edificante que hagas sentir diferente a los demás, las personas se dan cuentan y sienten esa energía que se produce cuando les hablas con respeto, les prestas atención, eres cuidadoso y consciente al hablarle.

Otras de las cosas que marca una diferencia es estar presentes con la mente plenamente en el ahora. Esto es un pilar de la comunicación efectiva y se relaciona con una práctica que ha ido agarrando auge, llamada *mindfulness*, la cual consiste en vivir enfocados en el momento presente, sin distraernos. Cuando nos comunicamos con alguien tenemos que estar allí, en cuerpo y mente, con todos nuestros sentidos conectados a la otra persona. No podemos estar con alguien y al mismo tiempo pensando que se nos están quemando las habichuelas.

Por lo general estamos pendientes de todo al mismo tiempo. Pecamos mucho en esto y, por ende, no somos efectivos en todas las áreas, sino que las dejamos a la mitad. Esta fue una de las situaciones en mi vida a la que tuve que darle un alto, no podía permitirme seguir haciéndolo de esta manera, descuidando el presente, y aún lo trabajo a diario.

Un ejemplo de comunicación efectiva podría ser la que he desarrollado con mi hijo. A veces los padres pecamos de gritar. En mi caso, cuando quiero que mi hijo entienda algún asunto y aprenda, busco la manera de modelarlo, para que lo emule de mí.

También hacemos contacto visual y procuro que él sea consciente de que le estoy diciendo las cosas con amor. Evito imponerle cosas «porque sí» o «porque soy su mamá y punto». Siempre le explico el porqué le digo esas cosas. Le digo «papi, lo que yo quiero es que seas mejor persona, un niño respetuoso y capaz».

Pero esto no siempre fue así. Les soy honesta, los primeros años de vida de mi hijo, me desesperaba mucho y no me ponía en el lugar del adulto. Con los hijos, es a uno a quien le toca tener paciencia y tolerancia. Sin embargo, desde que mi manera de comunicarme cambió, mi hijo me trata con el mismo respeto que yo a él. Sí hace sus travesuras como todos los niños, pero es muy respetuoso.

A veces creemos que el nene no entiende o que a los niños no se les puede hablar igual. Obviamente, yo no le digo las cosas como lo hago con un adulto, pero sí sé que él es consciente y capta todo lo que le comunico.

Pero ¿cómo puedo pretender que mi hijo me trate de una manera, si él ve que yo no lo trato así? Los padres fallamos mucho en imponer respeto, pero no lo modelamos, y en lugar de eso, les hacemos exigencias sin dar explicaciones.

Por ejemplo, a veces yo le digo: «Papi, suelta la *tablet*» y él me responde: «Pero mami, sí tú estás en tu teléfono».

Entonces le explico que yo trabajo desde ahí y que es un instrumento para mis labores. No le digo «hazlo porque sí, porque yo lo digo ... yo soy tu mamá» como a veces suelen hacer algunos padres. Ahora, además de decirle que deje la *tablet*, en muchas ocasiones me toca a mí también poner el teléfono a un lado y conversar con él.

Lo que sí he aprendido y he aplicado, es a no mirar el teléfono durante una conversación, reunión o momento importante; solo si no estoy con mi hijo, me permito revisar para asegurarme que no tiene que ver con él, de lo contrario el teléfono puede esperar. Si estoy hablando, trabajo en estar cien por ciento presente.

Hay situaciones y espacios en nuestra vida que merecen que estemos presente y enfocados sin distracciones.

Necesitamos quitar un poco la mirada de las pantallas y dejar de escondernos para enfocarnos en crear vínculos genuinos con las personas que nos rodean.

Sí, estamos muy «conectados» y al mismo tiempo también más distraídos y menos comunicados. Esto es muy lamentable, pues el éxito en la vida depende de nuestras relaciones y estas, a su vez, de nuestra comunicación, pero no como lo estamos llevando. Necesitamos quitar un poco la mirada de las pantallas y dejar de escondernos para enfocarnos en crear vínculos genuinos con las personas que nos rodean.

De lo contrario, estaríamos desestimando una de las capacidades más hermosas que Dios nos ha entregado, que es la de comunicarnos.

No quiero cerrar este capítulo sin invitarte a que comiences este proceso de introspección y te preguntes qué cosas pueden estar limitando que tengas una comunicación asertiva y, por ende, efectiva.

¿En qué áreas de tu vida entiendes que debes trabajar para relacionarte mejor y efectivamente?, ¿sientes que necesitas soltar el teléfono y hacer más contacto visual?, ¿necesitas mejorar la manera en la que dices las cosas? ¿Deseas ser un mejor oyente?

Sea lo que sea que tengas que empezar a hacer, no es tarde, estás a tiempo. Esta es una preciosa oportunidad para iniciar un proceso de transformación en tu vida y comenzar a desarrollar una comunicación más asertiva y efectiva.

INTROSPECCIÓN, de ti para ti:

1. Cuando conversas ¿tomas en cuenta que lo que vas a hablar le interese también a la otra parte?, ¿o solo hablas lo que te interesa a ti?

_____

2. Cuando te hablan o te cuentan algo ¿escuchas atentamente con interés hasta el final?, ¿o eres de los que interrumpe cuando el interlocutor no ha terminado de hablar?

_____

3. Cuando hablas con otras personas ¿eres de los que hablas sin parar o tomas en cuenta que la otra persona también desea comentar algo al respecto?

_____

4. ¿O eres todo lo contrario? Cuando alguien te pone conversación ¿te cuesta contestarle? ¿Por qué consideras que es difícil para ti entablar una conversación?

_____

Ejercicio:

Te invito a que durante esta semana seas consciente de tu forma de comunicación y estés mucho más pendiente y presente en las conversaciones que tengas; recuerda la importancia de escuchar a la otra parte y también de aportar y no dejar al interlocutor hablando solo, tomando en cuenta lo que he compartido contigo a través de este capítulo.

¡VOY A TI!

Capítulo 6

Comunicación efectiva ausente = a conflictos

A mi juicio, la comunicación efectiva es una de las capacidades más extraordinarias que podemos desarrollar en esta vida. Se trata de hablar y decir lo que sentimos y pensamos, transmitiendo el mensaje de forma clara y comprensible, a fin de que el receptor entienda lo que queremos decir, sin dar lugar a dudas o a malas interpretaciones. Se caracteriza por ser clara, empática, asertiva y respetuosa.

Al momento de nacer, ni siquiera sabemos hablar o expresar nuestras emociones, sin embargo, así como aprendemos a hacer estas dos cosas a medida que crecemos, la comunicación efectiva puede activarse y desarrollarse en nosotros mediante la práctica consciente de ciertos pilares que a mí me ha funcionado y que quiero compartir contigo en este capítulo, a través de experiencias que he vivido.

Piensa antes de hablar... ¡pero habla!

Aplicar la comunicación efectiva es de suma importancia, ya que cuando está ausente es inevitable que se generen muchos problemas. Como dije en capítulos anteriores, no puedo ser del tipo de persona que le dice a la gente «yo soy así, brega con eso» y esperar tener los mejores resultados.

Sin duda alguna, es muy importante que pensemos antes de hablar para así evitar herir los sentimientos de otras personas. Por lo general, esto ocurre cuando no nos damos a entender de la manera correcta.

Aunque, obviamente no podemos controlar la manera como otros interpretan lo que decimos. ¿Te ha pasado que dices algo con una intención, pero lo reciben de otra manera? A todos nos ha pasado alguna vez y es muy incómodo. Es imposible controlar cómo otros perciben lo que les decimos, lo que sí está en nuestra capacidad es buscar la manera de darnos a entender lo más honesto y claro posible.

Nos toca encargarnos de ser lo más claro y simple en nuestra manera de comunicarnos, siempre manteniendo el respeto.

Recientemente atravesé por una situación que no esperaba, pues me tocó enterarme por un tercero sobre cierta actitud de una persona cercana. En cualquier otro momento de mi vida, yo hubiese tomado el teléfono de inmediato para llamar o escribirle un mensaje por WhatsApp y confrontar a esa persona; es decir, hubiese reaccionado al momento.

En cambio, en esta etapa de mi vida, no reaccioné de esa manera, esto gracias a que decidí activar mi inteligencia emocional , trabajar con el buen manejo de mis emociones y pensar antes de hablar. En ese momento, internalicé todo lo sucedido y busqué de qué manera yo podía enfrentar esa situación sin confrontación y sin buscar problemas, sino planteando las posibles soluciones a la situación luego de haber puesto en práctica la escucha activa y la comunicación asertiva.

No decir las cosas en el momento en el que se pueden resolver o trabajar, inevitablemente ocasiona un sinnúmero de conflictos y malas interpretaciones.

La diferencia entre cómo hubiese actuado antes y cómo lo hice esta vez está en que he comprobado que reaccionar por impulso no funciona, no es correcto, sin importar la situación que sea. Lo más favorable es siempre darse ese tiempo de internalizar y evaluar si es el momento correcto, ya que podemos cometer muchos errores, lacerar relaciones o impactar de forma incorrecta la vida de otra persona y la nuestra.

Otro punto que considero importante es cuando decidimos no hablar, esto también puede generar muchos problemas. No decir las cosas en el momento en el que se pueden resolver o trabajar, inevitablemente ocasiona un sinnúmero de conflictos y malas interpretaciones.

Por ejemplo, hace algunos años ocurrió una situación con una persona que era muy importante en mi vida, a quien consideraba parte de mi familia. Comencé a notar que algo pasaba, pues su actitud cambió de la noche a la mañana, pero nunca dijo nada. En ese momento me dio a entender que no había ningún problema. No fue hasta que le hablé de frente y le pregunté claramente qué le sucedía conmigo, su comportamiento indiferente me hería, ahí fue que comenzó a quejarse y a reclamarme con mucho coraje y molestia por cosas que yo jamás pensé y otras que estaban en su imaginación. Esto es lo que sucede cuando no nos expresamos con honestidad y callamos durante meses; las cosas se acumulan dentro de nosotros y surgen las películas en la mente. Ante todo esto, yo solo dije: «¡Ay Padre! ¿Qué es esto? Si tenemos una relación de amistad de años, y prácticamente somos familia, debería existir honestidad, confianza y buena comunicación».

En definitiva, la falta de honestidad trae muchos conflictos. Por ejemplo, con esa persona, quien no fue honesta conmigo ni habló cuando realmente se estaba sintiendo incómoda, se generó un conflicto mayor que me hizo sentir muy herida y decepcionada. Me sorprendió tanto escuchar todas las cosas importantes que había callado durante tanto tiempo. Sentí que no respetó ni valoró nuestra amistad, ni la confianza que le había dado.

Mi interpretación fue la siguiente: sentí que hirió mis sentimientos, me lastimó, me faltó el respeto y le dio cero valor a años de amistad, y todo por no tener una buena comunicación y por su falta de honestidad ¿por qué digo esto? Porque entiendo que si algo de verdad te importa, buscas la manera de trabajarlo y resolverlo, no te guardas mil cosas para luego solo acusar. Claro, como ser humano, yo también cometí errores en la relación de amistad, sin embargo, creo que cuando valoramos algo o a alguien buscamos la manera de sanar o corregir lo que sea que esté sucediendo para no perderlo; a menos de que esa persona te haya robado, mentido, se haya metido con tu pareja o te haya traicionado ¡aaah!, pues en ese caso, tienes que sacar a esa persona de tu vida de una vez y por todas.

Gracias a Dios cuando esto sucedió ya yo andaba trabajando en mí y conmigo, así que una vez más activé mi inteligencia emocional y respondí con el mayor cuidado y respeto posible porque lo menos que estaba buscando en mi proceso eran conflictos.

En conclusión, y para que tengas la historia completa, te cuento que lamentablemente, después de esa situación, la amistad nunca fue la misma, y un día decidí alejarme por completo, pues me amo y me respeto. Entendí que esta persona había cumplido su propósito en mi vida y se había perdido el respeto y la honestidad. Hoy oro para que en su tiempo se dé una conversación sanadora y de perdón.

Recuerda algo, tenemos que escoger nuestras batallas, y en un caso como este, el que no quiera estar muéstrale la puerta o ábrela tú y sal por ahí, pasa la página y *bye*. Si más adelante en el camino Dios permite una conversación saludable pues bienvenida sea.

Podría mencionarles muchas otras experiencias raras con personas que no sé si es que deciden no expresarse o simplemente no saben hacerlo. Me gustaría animarte a que no te calles las cosas simplemente porque no sabes cómo va a reaccionar la otra parte, te da miedo o para supuestamente evitar un conflicto, el cual va llegar de una u otra manera y hasta puede terminar mucho peor. La falta de honestidad representa la ausencia de un valor moral que implica respetar la verdad, no darle importancia a las situaciones que lo merecen y trae como consecuencia que las relaciones se laceren.

¡Es necesario hablar! Expresarse, ser claro y honesto, aunque esto no significa ser impulsivo y hablar a lo loco, tenemos que conversar. Si yo no expreso lo que siento y lo que pienso, no me estoy comunicando de manera efectiva; entonces la otra persona no puede adivinar lo que siento. Y por supuesto, también es imprescindible poner en práctica la escucha activa.

En este sentido, es importante tomarse un tiempo para pensar antes de hablar y gestionar nuestras emociones de manera saludable e inteligente, pero no podemos quedarnos callados ni evitar enfrentar las cosas, ya que la comunicación efectiva se trata de buscar soluciones. Si no sabes cómo hacerlo, cómo expresarte de forma correcta, debes buscar ayuda y herramientas, como ya lo estás haciendo, leyendo este libro por ejemplo. A esto le puedes añadir alguna terapia, ya sea emocional o espiritual, ya que todo eso aporta.

En este sentido, es importante tomarse un tiempo para pensar antes de hablar y gestionar nuestras emociones de manera saludable e inteligente, pero no podemos quedarnos callados ni evitar enfrentar las cosas.

Cada situación en esta vida tiene solución, y como te mencioné anteriormente, la única razón por la que no me interesaría resolver algo con alguien es que me haya robado, traicionado o me haya puesto en peligro, cosa que me obliga a sacarlo de mi vida y punto. Si no ocurre nada de esto, hay que hablar y evitar el dolor que causa la falta de honestidad. Ahora bien, si existe falta de honestidad en una «amistad», es mejor alejarse.

En definitiva, hablar de más o de forma incorrecta puede ser un problema, mientras que no hablar puede ser uno mucho peor.

Por supuesto, como te mencioné, existen personas a las que les cuesta comunicarse, ya sea por timidez, inseguridad, creencias limitantes o miedo. Al mismo tiempo, esto genera un conflicto interno en ellos y hace que no quieran expresarse. De hecho, conozco a varios en mi entorno a los que les cuesta muchísimo comunicarse, se les dificulta expresarse, enfrentar situaciones adversas y poner límites con otros. Esto es una realidad que viven muchos. No todo el mundo tiene la seguridad y la firmeza para enfrentar cualquier situación sin temblar de arriba a abajo.

En estos casos, la persona debe trabajar internamente en buscar cómo romper con esa creencia limitante que no lo deja evolucionar. Si esta es tu realidad, te invito a trabajar en esa área tan importante de tu vida.

Una de las cosas que repito durante mis charlas y conferencias es que todo comienza desde el ser, es decir, que todo nace dentro de nosotros. Por esta razón, yo soy la única que puede transmitir con exactitud lo que quiero expresar y que el otro entienda, porque nadie va a adivinarlo. Es por ello que, si nos cuesta, tenemos que trabajarlo.

Tampoco podemos limitarnos de hablar por predisponernos a la postura o acción del otro. Algunos no se expresan por ese temor debido a que piensan que la otra persona, por su carácter, por ejemplo, puede reaccionar mal y «comérselo vivo», a menos que la persona sea sumamente agresiva y no se pueda hablar con ella, pues eso son casos específicos. Mientras que otros no se comunican por miedo a que los malinterpreten.

Si estas excusas son para ti un impedimento pues deberías verlo como un *red flag* en tu vida, es hora de que reconozcas que esa es una creencia que está limitando que fluyas de forma saludable y en paz. Recuerda que siempre vamos a tener que enfrentar situaciones desafiantes y hay que buscar soluciones.

Diariamente tenemos que resolver situaciones, por esa razón, es importante trabajar en nosotros, en nuestra seguridad y confianza, así como romper con todas esas creencias que están atrofiando nuestra evolución.

La empatía, una clave poderosa

La empatía es una habilidad muy valorada en el comportamiento humano, consiste en la capacidad que poseemos, o desarrollamos, de ponernos en los zapatos o en el lugar de los demás para conectar emocionalmente.

La empatía nos hace reconocer que podemos ser tan vulnerables como las otras personas, que también podemos cometer los mismos errores que ellos y que nadie está exento de equivocarse. Esta nace a partir del momento en el que un individuo decide entender que no todos pensamos, reaccionamos, ni tomamos decisiones de la misma manera o bajo el mismo criterio, además, que no todos estamos atravesando por las mismas situaciones y eso es algo que se debe respetar. Cuando concientizamos eso, podemos tomar decisiones más saludables, por ende, somos capaces de accionar y expresarnos de una manera más sana.

> *La empatía nos hace reconocer que podemos ser tan vulnerables como las otras personas, que también podemos cometer los mismos errores que ellos y que nadie está exento de equivocarse.*

La empatía es vital en la comunicación efectiva y en nuestras relaciones; si solo nos centramos en nuestro punto de vista, en nuestra posición y pensamos que todo gira alrededor de nosotros, nos vamos a quedar solos.

Es por eso que la empatía tiene que existir. Si tú no sabes cómo ser empático, entonces tienes la tarea de buscar información, de leer más y de alimentar tu espiritualidad, pues esto te hace más sensible. De esta manera podrás desarrollar la empatía.

Muchos se comunican a través del ego y esto limita su capacidad de ponerse en el lugar de los demás. Inclusive, estas personas pueden ser educadas, simpáticas y muy *cool*, aunque carecen de empatía.

De hecho, una persona puede ser muy buena gente, pero ¿está activando su sensibilidad y considerando realmente al otro? Por ejemplo, yo siempre he sido una persona muy agradable, amable y respetuosa, sin embargo, reconozco que no activaba mi empatía de manera constante. En la medida en la que fui reconociendo que si yo quería que la gente me entendiera y se pusiera en mi lugar, debía hacer lo mismo por los demás, fue así como comencé a trabajar más en el desarrollo de mi empatía.

Algo que me gustaría aclarar es que la empatía no tiene que ver con ir por ahí resolviéndole la vida a los demás ni llevando sus cargas y sufrimientos, cada quien debe ser responsable de lo suyo. Y sí, podemos ayudar o apoyar, por supuesto, para eso estamos aquí. No obstante, la necesitamos en el momento en el que nos corresponda manejar un conflicto o situación, o a la hora que nos toca expresar y desarrollar una idea, para que seamos capaces de considerar a la persona a la cual queremos transmitirle un mensaje y pensemos cuál es la manera más saludable de decir las cosas, para que ninguno de los dos salga afectado.

Aquí también entra en juego la tolerancia, la cual a veces se confunde con aguantar todo lo que venga y todo lo que te tiren. Pero no es así. Uno tiene que darse a respetar y poner límites, aunque sí debemos ser capaces de contenernos en algunas situaciones para no ser reactivos ante toda situación.

Es cierto que el ego nos ha dominado muchas veces a la mayoría de las personas. Por más *relax* que seamos, la mayoría quiere brillar, ser reconocido y tener su momento de protagonismo. Eso es algo que está dentro de todo el mundo, aunque algunos lo tienen más activo que otros.

Entonces, si entendemos que el ego es una realidad, lo que nos toca hacer es trabajar en manejarlo y entender que podemos brillar y demostrar nuestras capacidades sin que este nos domine y nos lleve a hacerle daño a otras personas, cosa que deberíamos evitar.

Cuando nos hacemos conscientes de que todos venimos de crianzas, entornos, familias y experiencias diferentes entendemos que no podemos pretender que el otro reaccione de la misma manera que nosotros, ya que no compartimos la misma historia.

Cuando comprendemos que las personas no actúan de la manera que lo hacen, directamente por nosotros, sino que es un reflejo de sus propias situaciones, es según lo ve su lente, empezamos a ver y a entender. que no están necesariamente en nuestra contra y podemos tener una mejor comunicación.

En cambio, cuando lo tomamos todo personal, aparecen los verdaderos conflictos. En un momento dado de mi vida, yo me ofendía por muchas cosas. En ocasiones me sentía mal por comentarios que me hacían, pero ahora caigo en cuenta y me digo: «Espérate un momento, esto no necesariamente es en mi contra, no tiene que ver conmigo». He entendido que quizá esa persona ha atravesado por una situación que desconozco. Lograr este nivel de empatía, me ha ayudado a fluir mejor.

Pasó mucho tiempo para que yo pudiera aplicar esto, pero antes de eso, yo me tomaba muchas cosas de manera personal en cada una de las situaciones que se presentaban en mi vida, ya fuera a nivel familiar, personal o laboral. Afortunadamente, con el tiempo fui entendiendo que esa actitud solo me traía problemas.

La ausencia de empatía en la comunicación acarrea muchos conflictos, hasta de índole laboral y, en consecuencia, genera una impresión negativa en la otra persona, que tal vez puede pensar que tú eres alguien que no acepta sugerencias o directrices, en el caso de algún superior dentro del trabajo.

Hoy en día, gracias a Dios, puedo aceptar las situaciones que ocurren en mi vida. Primero las analizo, trato de buscar una posible solución y pienso en cómo hablar al respecto.

He aprendido a manejar las cosas desde otra perspectiva y que la manera en la que entiendo lo que otro me dice no siempre tiene que ver conmigo, sino que puede ser el reflejo de algo que la otra persona está viviendo. Y aunque así fuera, no tengo por qué estar a la defensiva.

La escucha activa y la importancia de activar los silencios

El éxito de una buena conversación es saber escuchar. Si no sabes hacerlo, entonces no estás practicando una comunicación efectiva. Con esto no me refiero a simplemente oír lo que la otra persona está diciendo, sino al uso de la escucha activa.

Si estoy dentro de una conversación, tengo que estar presente y enfocado. Por supuesto, eso nos cuesta, especialmente en esta época en la que queremos hacer mil cosas a la vez.

Si yo decido ir a tomarme un café con alguien con la intención de tener una conversación, incluso, desarrollar un proyecto o manejar una situación personal, yo debo darle respeto a ese momento y enfocarme por completo. Es en ese contexto en el que escuchar es vital, porque ¿cómo espero responder o reaccionar de una manera saludable a lo que me están diciendo si no estoy prestando atención?

¿Qué pasaría si la persona con la que estoy reunida o conversando se da cuenta de que no lo estoy escuchando? Seguramente se sentirá mal, se incomodará y pensará que no me importa. Además, seré incapaz de brindar una respuesta coherente y es probable que diga algo que no tiene nada que ver con lo que me están diciendo. Lo más lamentable es que el sentido de nuestra reunión y conversación no se va a concretar.

Durante mi certificación como *coach*, aprendí que la clave de la escucha activa está en valorar los silencios y su importancia. Quedarse callado en ciertos momentos no significa que no sepas qué decir, sino que le estás dando a la otra persona toda tu atención y la oportunidad de reaccionar o concluir con lo que está planteando, mientras tú estás internalizando sobre lo que te están diciendo para responder de una manera saludable.

Aprender esto ha sido de las cosas más lindas que he podido vivir, me ha permitido darle la merecida importancia con quien sea que converse de manera que la persona se sienta valorada.

Quedarse callado en ciertos momentos no significa que no sepas qué decir, sino que le estás dando a la otra persona toda tu atención y la oportunidad de reaccionar o concluir con lo que está planteando.

Gracias a este extraordinario proceso de formación por medio del *coaching*, pude entender que no necesito reaccionar impulsivamente ante lo que las personas me están diciendo. Ten en cuenta que conversar no es una competencia de quién dice más; es un proceso a través del cual buscamos entendernos o llegar a un acuerdo.

Cuando aprendí a activar los silencios, a darle importancia y valor en combinación con la escucha activa, finalmente pude tener éxito en mis conversaciones. Con estos principios de la comunicación efectiva no hay manera de confundirse.

Para poder poner en práctica la escucha activa, hay algunos *tips*, como por ejemplo el mostrar un lenguaje no verbal positivo que demuestre que estoy presente en el momento de la conversación.

Esto quiere decir que el lenguaje no verbal también es vital. Por ejemplo, si estás en una conversación, pero empiezas a mirar hacia otro lado, a echar para adelante o para atrás, o mover la pierna como si te fastidiara estar ahí, evidentemente no estás practicando la escucha activa.

Cuando aprendí a activar los silencios, a darle importancia y valor en combinación con la escucha activa, finalmente pude tener éxito en mis conversaciones.

Cuando estamos completamente presentes y conscientes de lo que está sucediendo, ponemos cuidado en lo que transmitimos con nuestro cuerpo. De lo contrario, no podemos controlar nuestra comunicación no verbal. En otras palabras, nuestro cuerpo, nuestra mente y nuestra boca van en direcciones diferentes, mientras que en la escucha activa, la idea es que todo tu ser trabaje en conjunto. Esto significa que es vital estar conscientes y presentes al 100 %.

Yo soy una persona que se mueve mucho y una de las cosas de las que me he dado cuenta es que cuando estoy en una reunión virtual por Zoom o en una videoconferencia, comienzo a tocarme la cara y el cabello cuando me pongo ansiosa. A partir del momento que lo reconocí, comencé a trabajar en eso y ahora soy mucho más consciente y cuidadosa para que mi interlocutor no crea que estoy desesperada, aunque en ocasiones sí lo esté.

Otro *tip*, también relacionado al lenguaje no verbal, es mirar a la persona a los ojos, si estoy de manera presencial. De esta forma le doy a entender a la otra persona, que estoy prestando atención y escuchando lo que está diciendo. Esto se conoce como contacto visual y es un elemento muy importante.

En la escucha activa, también es necesario aprender a no interrumpir a quien habla con nosotros, porque si vamos pisando lo que nos están diciendo, es muy probable que la otra parte se sienta incómoda, pierda el interés y deje de hablar. Eso corta la comunicación efectiva. De hecho, cuando me hacen eso soy de las que me callo y busco la manera de escaparme.

También debemos dejar de sentir miedo cuando le vamos a decir a la otra persona que no sabemos sobre algún tema. Esto suele pasar cuando conversamos con alguien que quizás tiene más conocimiento que nosotros sobre algún tema.

Es normal que no sepas sobre algunos temas y, en este caso, lo mejor es preguntar. No pasa nada si te equivocas o desconoces algo; recuerda que no tenemos que saberlo todo, estamos en un aprendizaje constante. Necesitamos ser honestos con nosotros mismos y con los demás, y decir que no entendemos algo es una forma de ser sinceros en nuestra comunicación.

Preguntar es parte de una comunicación sana y no perdemos nada haciéndolo, al contrario, ganamos conocimiento de algo que quizá ignorábamos. Créeme, es mucho peor opinar o querer imponer un criterio sin conocer de un tema. Pretender aparentar demuestra falta de honestidad y madurez. Además, haríamos tremendo «papelón».

En lo que respecta a la escucha activa, descubrí que existen 5 estados que la componen, los cuales me parecen algo brutal:

1. Recibo la información.
2. La analizo/comprendo.
3. La recuerdo.
4. Evalúo la información.
5. Finalmente, respondo.

Cuando hablamos con una persona, existen una serie de procesos que debemos activar, entre estos se encuentra la recepción, la comprensión y análisis; es decir, la captación de lo que nos están diciendo. Luego, es importante que lo fijemos en la memoria, que lo recordemos. Después de hacer eso, lo evaluamos y, por último, podemos dar una respuesta coherente, sana y satisfactoria. Parece complicado, pero no lo es, de hecho, si lo hacemos consciente poco a poco fluirá naturalmente.

Preguntar es parte de una comunicación sana y no perdemos nada haciéndolo, al contrario, ganamos conocimiento de algo que quizá ignorábamos.

Hacer esto es importantísimo y esencial para tener una comunicación verdaderamente efectiva y saludable. El problema es que, en la prisa de la vida, nos tragamos esos procesos y los pasamos por alto; entonces pretendemos que todo ocurra de forma automática. Pero esa omisión trae muchos conflictos.

Es por ello, que cumplir con estos cinco estados de la escucha activa es tan importante. Piénsalo ¿cuántas amistades, empleos y matrimonios se salvarían, si tan solo practicáramos estos cinco pilares?

Sin duda, es algo que nos conviene aprender y aplicar. De hecho, no debemos esperar un momento específico y trascendental para poner esto en práctica, es algo que podemos hacer todos los días. Básicamente, consiste en prestar toda nuestra atención a la conversación.

No te impongas

Un elemento que también tiene un papel muy relevante en cuanto a la escucha activa es no imponer nuestras ideas. Ciertamente, todos tenemos algo que expresar, pero no necesariamente significa que eso que queremos decir sea conveniente y funcional en el contexto de una conversación.

Tal vez tengamos grandes ideas, pero no todas funcionan dentro del propósito de la conversación que estamos sosteniendo. Por eso no podemos imponer nuestros criterios ni lo que pensamos.

Recuerdo conversaciones con amigas que quisieron hablar conmigo sobre alguna situación personal. Obviamente, yo las escuchaba, aunque en mi mente solo tenía la intención de resolverles el problema, por lo que les impuse mis ideas. En otras palabras, les decía: «Tienes que hacer esto o aquello». Yo practiqué este error durante muchos años, hasta que aprendí que eso no funciona así.

Imponer nuestras ideas es, básicamente, lo único que necesitamos para que la gente no quiera estar cerca de nosotros.

Por supuesto, podemos compartir nuestras ideas y experiencias, como lo estoy haciendo a través de este libro. Te cuento lo que a mí me ha funcionado, por si acaso a ti también te parece bien activarlo. Sin embargo, esto siempre será una opción que tú puedes escoger o no, de acuerdo con tu proceso.

Imponer nuestras ideas es, básicamente, lo único que necesitamos para que la gente no quiera estar cerca de nosotros. Así que, si quieres que las personas se alejen de tu vida, ¡solo impón tu criterio y listo!

Si alguien te trae una situación, si deseas prestarle tus oídos, tu tiempo y tu corazón, después puedes compartir tu percepción de su realidad y tus experiencias, sin imponer tus ideas, como si tu criterio fuese sagrado.

Todos vemos el mundo diferente. Tu percepción no es la misma que la mía, tú y yo no pensamos igual, y lo que pueda yo decirte no es una verdad absoluta. Si comparto lo que a mí me ha funcionado, es porque creo puede aportar a tu vida y como yo quiero verte bien, te lo dejo allí para que te des la oportunidad. Si no lo quieres hacer o no te funciona, yo no te puedo obligar y mucho menos enojarme.

Recuerda que, así como tú tomas tus propias decisiones, los demás también. No podemos molestarnos si le dimos un consejo a alguien y después él o ella hace «lo que le dio la gana», ya que cada quien es dueño de sus decisiones. Es lamentable ver cómo tantas relaciones se rompen por el hecho de querer imponer una idea y dar instrucciones. La realidad es que no tengo que estar de acuerdo contigo, pero sí debe haber respeto de ambas partes.

Ahora, si por ejemplo se trata de un matrimonio, de aliados o socios en algún negocio o empresa, se debe llegar a acuerdo y trabajar como un equipo que busca una vida mejor y unirse para ser más fuertes.

No es posible que cada uno «hale» para su lado, eso no funciona.

Es imprescindible que nos basemos en el respeto, es la única manera de darles el lugar correcto a las personas que nos rodean sin restarle mérito a nadie, ya sea en el matrimonio, en el trabajo, con nuestros amigos, en la familia, entre otros. Yo creo que ahí está la clave.

Sin duda, si accionamos con base en el respeto, todo puede fluir. Lamentablemente, esto no se da en muchos casos por los estilos de vida y creencias limitantes asumidas como normales que nos llevan a irrespetar a los demás.

La única forma de cambiar estos patrones es desarrollando inteligencia emocional, reconociéndonos y trabajando con nosotros mismos desde el ser. A veces, cuando vemos todos los aspectos de nosotros que necesitamos transformar, pensamos «*Oh my God*, ¿cómo lo voy a hacer?» y creemos que transformar todas esas áreas va a ser una odisea. No se trata de intentar actuar de una manera, sino de trabajar en ti, y al hacerlo, todo fluye. Así que *relax* que más adelante te muestro cómo puedes desarrollar tu inteligencia emocional.

Hay muchas cosas que yo hago hoy que nunca me imaginé haciéndolas. Estas surgieron después de que decidí trabajar y comprometerme conmigo, como parte de mi proceso de transformación. El cambio somos tú y yo, y comienza por ti y por mí.

Por lo general necesitamos apoyo para iniciar estos procesos de cambio interno. Es decir, si tenemos que ir al psicólogo, vamos; si hay que ponerse a leer libros de inteligencia emocional y autoayuda, entonces leamos. Si necesito alimentar mi vida espiritual, voy y me congrego, estudio la palabra de Dios y empiezo a crecer. Tenemos que buscar cómo nutrir nuestra vida para ser más felices.

Debemos compartir con otros lo que nos sucede, no podemos quedarnos callados.

Cuando inicias un proceso de sanación interna, la comunicación es fundamental. Es por eso que debemos compartir con otros lo que nos sucede, no podemos quedarnos callados.

Por ejemplo, si yo entiendo que algo no me está haciendo feliz o no está andando como debería, debo buscar ayuda, tanto profesional, como en aquellas personas que son de mi entera confianza, quienes estarán dispuestas a abrirme su corazón, escucharme y darme una opinión objetiva, la cual no tiene que ser necesariamente lo que quiero escuchar, sino lo que debo. Todo eso forma parte de tu proceso de sanación, junto a las herramientas que necesitamos buscar.

Mientras tú y yo estemos vivos, tenemos oportunidades de evolucionar y de sanar, pero la transformación empieza por uno mismo. En otras palabras, si yo quiero cambios en mi vida, yo tengo que ser quien los inicie. Yo soy el cambio.

Los cambios siempre comienzan con una decisión. Cuando nos comprometemos con nosotros mismos, podemos sanar y convertirnos en personas empáticas, más cuidadosas a la hora de expresar nuestras emociones.

Y claro que podemos expresar nuestras emociones; para eso Dios las puso en nosotros y forman parte de la vida, pero tenemos que expresar lo que sentimos de una manera que no afecte negativamente a los demás. Esto no significa que estemos exentos de sentir coraje, molestia o tristeza, sin embargo, podemos tener las herramientas para manejar esas emociones.

¿Cómo pongo en práctica la inteligencia emocional?

La inteligencia emocional es la capacidad o habilidad que tienen las personas para poder entender sus propias emociones y las de los demás. Se puede dividir en dos tipos: la personal y la interpersonal. La personal es la forma en que nos relacionamos con nosotros mismos y la interpersonal es la forma en que reconocemos las emociones de los demás.

Básicamente, esta capacidad nos ayuda a buscar en dónde estamos patinando o fallando, en qué aspectos estamos generando conflictos innecesarios y teniendo emociones que nos afecten de manera negativa, que no nos permiten evolucionar y nos generan ansiedad. Cuando comenzamos a indagar y a reconocer en nosotros estos *red flags*, podemos empezar a sanar y activar estos pilares que hemos venido conversando.

Yo no hacía buen uso de mi inteligencia emocional. A mí me afectaba el noventa y ocho por ciento de las cosas que sucedían en mi vida, por lo que no dormía bien, todo me generaba estrés o cogía un coraje terrible, cosas que no aportaban nada positivo a mi vida.

Cuando reconocí que eso me atrasaba y que me impedía dar los pasos que yo quería dar, tanto a nivel personal como profesional, comencé a buscar información al respecto. No podemos sanar, evolucionar y transformarnos en nuestra mejor versión desde el desconocimiento. Necesitamos educarnos, tenemos que leer, escuchar y estudiar. Esta es la mejor manera en la que le damos el valor merecido a las situaciones de la vida.

Quizá anheles alcanzar muchas metas, realizar múltiples proyectos, ganar dinero o ser famoso y reconocido, algo que la mayoría de las personas desea. Sin embargo, si no haces buen uso de tu inteligencia emocional, la cual es una herramienta vital, todo lo que te compone y te rodea se verá afectado.

Por supuesto, es posible que se te den cosas en el camino. El problema es que corren el peligro de deshacerse con el tiempo, porque siempre vamos a enfrentar conflictos, y si no tienes las herramientas para ejercer una mejor gestión de tus emociones, si no has sanado, no podrás hacer un aporte positivo para que eso tenga un final feliz, ya sea a nivel personal o profesional.

No siempre tenemos que responder o defendernos ante una situación, aunque es posible que nos choque aquello que nos están diciendo.

Para poner en práctica la inteligencia emocional, existe una serie de recursos y acciones que son bastante útiles. Una de ellas es simplemente callarse, es decir, guardar silencio cuando es necesario. No siempre tenemos que responder o defendernos ante una situación, aunque es posible que nos choque aquello que nos están diciendo.

En cuanto a esto, he aprendido a usar el silencio a mi favor. Hay momentos que, cuando recibo algo que tiene el potencial de ofenderme, solo escucho, me callo, comprendo, recuerdo, evalúo y respondo. Si no me siento preparada, lo hago en otro momento. Callar de vez en cuando ayuda mucho a que la inteligencia emocional pueda desarrollarse y cree las condiciones propicias para que podamos gestionar lo que sentimos. No se trata de no expresarse, sino de saber cómo y cuándo.

Provoquemos que las personas sientan confianza en nosotros para expresar sus ideas. Seamos el tipo de persona que sepa escuchar atentamente y responder de manera saludable.

Recuerda que no eres lo que otros opinan de ti, eres lo que Dios dice de ti y punto.

También es importante que tengamos seguridad en nosotros mismos. Por ejemplo, no puedo simplemente tomar cualquier crítica de forma literal o personal. Yo agarro lo que aporta y desecho lo que no.

La seguridad es algo que se debe trabajar dentro de uno mismo y no puede depender de la opinión de los demás, pues no todos pensamos igual. Recuerda que no eres lo que otros opinan de ti, eres quien Dios dice de ti y punto.

Para desarrollar la inteligencia emocional es necesario practicarla, te comparto 5 maneras de hacerlo:

1. Desarrollar la autoestima y confianza en uno mismo.
2. Regular las emociones, buscar equilibrio entre la razón y la emoción.
3. Resolver los conflictos de forma constructiva y pacífica.
4. Aprender de los errores y de las experiencias negativas.
5. Disfrutar de las cosas simples de la vida cultivando el humor y el optimismo.

La espiritualidad y la comunicación efectiva

Dentro de mi proceso de transformación, la clave ha sido el desarrollo de mi vida espiritual. Haber reactivado mi relación con el Creador, congregarme y estudiar la Palabra, a través de mis devocionales diarios, me ha dado las herramientas para vivir de manera más sana. Incluso, asistir a grupos y eventos de damas, en los que compartimos la palabra de Dios, ha sido un bálsamo para mí, me ha brindado paz y seguridad.

Podría decir que yo siempre me he considerado una mujer segura de mí misma, aunque hoy reconozco que en el camino tuve muchos momentos de inseguridad. Sin embargo, ahora sí puedo abrazar la seguridad por completo, gracias a que hoy solo dependo de mi *coach* supremo: Dios.

Alimentar mi espiritualidad ha sido algo transformador y me ha proporcionado resultados trascendentales, por eso mi deseo es compartirlo contigo como parte de los recursos esenciales para activar la comunicación efectiva en tu vida.

A raíz de esta decisión de conectarme con mi Padre, comencé a ser más cuidadosa en la manera como hablo con mi hijo o en cómo me expreso en mi diario vivir.

Alimentar mi espiritualidad
ha sido algo transformador
y me ha proporcionado resultados trascendentales,
por eso mi deseo es compartirlo contigo.

Alimentar mi espíritu me ha motivado a convertirme en un mejor ser humano, más interesada en el bienestar de los demás y mucho más servicial. No es que nunca lo haya hecho, sino que ahora vivo más consciente de las demás personas y no solo de mí misma.

Siento que, hoy más que nunca, me importa que las personas se sientan bien y amadas cuando me hablan, hacerles saber que estoy allí para ellos. Ahora procuro no dar cosas por sentado con mis amistades, sino que les demuestro cuán importantes son para mí.

En la medida en que he ido trabajando en mi espiritualidad, Dios ha sanado muchas cosas dentro de mí, me ha ayudado a perdonar, a perdonarme, y ha desarrollado la compasión en mi carácter de una manera increíble. Aprendí a reconocer que estaba dando por sentado la existencia de muchas personas en mi vida. En cambio, si ahora alguien viene a mi mente de repente, por lo menos le envío un mensaje por WhatsApp para recordarle que me importa. Esa acción le puede cambiar el día.

Sé que cada persona toma sus propias decisiones. Sin embargo, quiero decirte que, para mí, el desarrollo de mi espiritualidad ha sido demasiado importante en el proceso de mejorar mi comunicación con quienes me rodean, para que sea más efectiva y asertiva. Esto ha tenido un efecto extremadamente positivo en mi bienestar, mis relaciones y mi vida.

Es por eso que lo considero un elemento clave para tener una comunicación más saludable con las personas que amamos.

Ahora quiero compartir contigo 4 aspectos esenciales que utilicé para activar mi inteligencia emocional:

1. Aprender a callar, evitando que mis emociones me controlen.
2. Trabajar en mi seguridad, reconociendo mis fortalezas y debilidades.
3. Escoger mis batallas, para lograr mantener relaciones saludables con los demás.
4. Alimentar mi vida espiritual, para activar la empatía con los que me rodean.

Ejercicio:

Te invito a que durante esta semana envíes un mensaje de voz o de texto a cinco personas que reconozcas como importantes en tu vida, ya sea a nivel personal o profesional, para asegurarte de que esa persona esté bien. No vas a solicitarle nada, sino a darle afecto, a expresarle que deseas saber cómo se encuentra y de esta manera, ellos van a sentir que las valoras y que las tienes en alta estima. Te sentirás tan bien durante este proceso, que te aseguro que lo querrás repetir cada semana.

Es necesario que les hagas saber que son importantes para ti, lo agradecido que estás por que sean parte de tu vida y menciónales las cosas que han influido en ti positivamente. Demuéstrales gratitud. ¡Voy a ti!

Yo te doy las gracias a ti, por sacar de tu tiempo para leer mi primer libro, mi primer bebé literario. Te agradezco por decidir adentrarte en gran parte de mi historia, la cual cuento con el mayor respeto y con la fe de que puedas identificarte con alguna etapa de mi vida, para que esta sea de inspiración para ti. Anhelo con todo mi corazón que puedas reconocer o reafirmar que solo Dios transforma lo que parece un desastre en una gran bendición.

Te bendigo grandemente, en el nombre de Jesús. ¡Hasta la próxima!

¡Alegría y bomba eeeh, *forever*!